Jürgen A. Adam

Wohn- und Siedlungsformen im Süden Marokkos

*für Mechthild
von Marita und Jürgen
29.4.81*

Jürgen A. Adam

Wohn- und Siedlungsformen im Süden Marokkos

Texte zur Architektur

Verlag Georg D. W. Callwey, München

Für Marita

Vollständiger Abdruck der am Lehrstuhl für Hochbaukonstruktion und Baustoffkunde erarbeiteten und von der Fakultät für Architektur der Technischen Universität München genehmigten Dissertation.

Tag der Promotion: 21.2.1980

Vorsitzender: Prof. Dr. Ing. H. Gebhard
1. Prüfer: Prof. Dr. Ing. F. Hart
2. Prüfer: Prof. Dr. Ing. R. Wienands

CIP-Kurztitelaufnahme der Deutschen Bibliothek

Adam, Jürgen Axel:
Wohn- und Siedlungsformen im Süden Marokkos :
Funktion, Konstruktion u. Gestalt,
dargest. am Beispiel von Ksar u. Tighremt /
Jürgen Axel Adam. –
München : Callwey, 1981.
ISBN 3-7667-0566-0

© 1981 Verlag D. W. Callwey, München
Alle Rechte vorbehalten, auch die des teilweisen
Abdrucks, der fotomechanischen Wiedergabe und
der Übersetzung.
Einbandgestaltung: Baur+Belli · Design, München
Druck: Pera, Gräfelfing
Bindung: Grimm & Bleicher, München

INHALTSVERZEICHNIS

Vorwort		9
0.	Einleitung	11
0.1	Gegenstand der Untersuchung	11
0.1.1	Das Ksar	
0.1.2	Der Tighremt	
0.2	Verfahren der Untersuchung	
0.2.1	Voraussetzungen	
0.2.2	Untersuchungsvorgang	
0.3	Ziel der Untersuchung	13
0.4	Grenzen der Untersuchung	13
0.4.1	Geographische Abgrenzung	
0.4.2	Typologische Abgrenzung	
0.4.3	Zeitliche Abgrenzung	
0.4.4	Abgrenzung zu vorhandenen Untersuchungen	
0.4.5	Abgrenzung des Arbeitsumfanges	
1.	Land und Bevölkerung	15
1.1	Das Land	15
1.1.1	Geographische Bedingungen	
1.1.2	Klimatische Bedingungen	
1.1.3	Flora und Fauna	
1.2	Bevölkerung	19
1.2.1	Stammesgliederung	
1.2.2	Organisation der Dorfgemeinschaften	
1.2.2.1	Familie	
1.2.2.2	Institutionen des dörflichen Lebens	
1.2.2.3	Ethnische, soziale und religiöse Gruppierungen	
2.	Politische, kulturelle und wirtschaftl. Bedingungen	21
2.1	Das Ksar	21
2.1.1	Politische Bedingungen	
2.1.2	Kulturelle Bedingungen	
2.2	Der Tighremt	23
2.2.1	Politische Bedingungen	
2.2.2	Kulturelle Bedingungen	
2.3	Wirtschaftliche Bedingungen von Ksar und Tighremt	23
2.3.1	Landwirtschaft	
2.3.2	Handwerk und Handel	
2.3.3	Industrie und Tourismus	
3.	Entstehung	25
3.1	Das Ksar	25
3.1.1	Anfänge des Ksar	
3.1.2	Einflüsse des Islam	
3.2	Der Tighremt	26
4.	Funktion	27
4.1	Das Ksar	27
4.1.1	Wehr-, Wohn- und Speicherfunktion	
4.1.2	Standort der Ksour	
4.1.3	Funktionale Gliederung	
4.1.3.1	Funktionale Elemente der Verteidigung	
4.1.3.2	Erschließungssysteme	
4.1.3.3	Gemeinschaftseinrichtungen	
4.1.3.4	Quartierbildung	
4.1.4	Das Ksarhaus	
4.1.4.1	Allgemeines	
4.1.4.2	Funktionale Gliederung	
4.1.4.3	Flexibilität und Anpassungsfähigkeit	
4.1.4.4	Erweiterungsmöglichkeiten	
4.2.	Der Tighremt	46

4.2.1	Der Hoftyp	
4.2.1.1	Allgemeines	
4.2.1.2	Funktionale Gliederung	
4.2.1.3	Anbauten und Höfe	
4.2.1.4	Flexibilität und Anpassungsfähigkeit	
4.2.2	Der geschlossene Typ	
4.2.2.1	Allgemeines	
4.2.2.2	Funktionale Gliederung	
4.2.2.3	Anbauten und Höfe	
4.2.2.4	Flexibilität und Anpassungsfähigkeit	
5.	Konstruktion	61
5.1	Baustoffe und ihre Eigenschaften	61
5.1.1	Lehm	
5.1.2	Holz	
5.1.3	Bambus	
5.1.4	Eisen	
5.2	Bauteile und Konstruktionstechniken	65
5.2.1	Wandausbildung	
5.2.1.1	Schichtmauerwerk aus Stampferdequadern	
5.2.1.2	Natursteinmauerwerk	
5.2.1.3	Kombination von Naturstein und Stampferde	
5.2.1.4	Stampferde	
5.2.1.5	Luftgetrocknete Ziegel	
5.2.1.6	Ausbildung der Mauerkrone	
5.2.1.7	Putz	
5.2.1.8	Bambusgeflecht	
5.2.2	Fußboden, Decke und Dach	
5.2.2.1	Art der Konstruktion	
5.2.2.2	Einbau der tragenden Teile	
5.2.2.3	Ausfachung der Deckenfelder	
5.2.2.3.1	Sonderformen der Ausfachung	
5.2.2.3.2	Ausfachung mit Bambus	
5.2.2.4	Fußboden	
5.2.2.5	Dach	
5.2.3	Treppe	
5.2.4	Türen, Tore und Fenster	
5.2.4.1	Türen und Tore	
5.2.4.2	Fenster	
5.2.5	Heizung, Kühlung, Lüftung	
5.2.5.1	Heizung	
5.2.5.2	Kühlung und Lüftung	
6.	Gestalt	83
6.1	Einheitlichkeit von Farbe und Material	83
6.2	Grenzen zwischen Wohnung, Siedlung und Landschaft	87
6.3	Dominanz der Türme	91
6.4	Proportionen und Raster	91
6.4.1	Proportionen	
6.4.2	Raster	
6.5	Ornament	93
6.6	Räumliches Gefüge	105
6.6.1	Ordnungsprinzip des Gefüges	
6.6.2	Raumzonen, Raumfolgen, Raumdurchdringungen	
6.7	Lichtführung	111
6.8	Geometrie in Grund und Aufriß	113
6.8.1	Symmetrie	
6.8.2	Form	
7.	Heutiger Zustand	117
7.1	Land und Bevölkerung	117
7.2	Politische, kulturelle und wirtschaftliche Bedingungen	118
7.3	Baulicher Zustand	118

8.	Zusammenfassung	121
8.1	Gegenstand der Untersuchung	121
8.2	Zusammenfassung und Vergleich	125
8.2.1	Funktion	
8.2.1.1	Das Ksar	
8.2.1.2	Der Tighremt	
8.2.2	Konstruktion	
8.2.3	Gestalt	
8.2.4	Heutiger Zustand	
E	Exkurs	131
E 1	Notwendigkeit der Erhaltung, Sanierung und Wiederherstellung der baulichen Substanz	131
E 2	Möglichkeiten und Grenzen der Erhaltung, Sanierung und Wiederherstellung der baulichen Substanz	133
E 3	Notwendigkeit und Sinn der Anwendung traditioneller Elemente bei der Entwicklung zeitgemäßer Wohnanlagen und Siedlungen	139
E 4	Möglichkeiten und Grenzen der Anwendung traditioneller Elemente bei der Entwicklung zeitgemäßer Wohn- und Siedlungsanlagen	139
E 5	Schlußbemerkung	141
	Bildteil	143
A	Anhang	195
A 1	Anmerkungen	195
A 2	Verzeichnis der benutzten Quellen und Unterlagen	205
A 2.1	Karten	
A 2.2	Literatur	
A 2.3	Vorträge im Manuskript des Verfassers bzw. im Manuskript des Vortragenden; Gesprächsnotizen, Befragungsergebnisse im Manuskript des Verfassers oder auf Tonbändern	
A 3	Verzeichnis der Abbildungen	211
A 3.1	Verzeichnis der Zeichnungen	
A 3.2	Verzeichnis der Fotografien	

Vorwort

Die vorliegende Arbeit ist als Beitrag zur architektonischen Beschreibung und Interpretation von Wohn- und Siedlungsformen im Süden Marokkos gedacht.

Sie wurde entscheidend durch Herrn Prof. Dr. Ing. F. Hart gefördert. Für seine eingehende Beratung und seine richtungsweisenden Hinweise möchte ich mich ganz besonders bedanken.

In gleicher Weise habe ich mich bei Herrn Prof. Dr. Ing.R. Wienands zu bedanken, der die Arbeit durch seine Anteilnahme und durch zahlreiche Anregungen und Empfehlungen gefördert hat.

Für vielfältige Auskünfte, Ratschläge und Hinweise danke ich Herrn Prof. Dr. Ing. H. Gebhard.

Für ihren Rat und ihre Hilfsbereitschaft danke ich den Herren Professoren Dr. Gruben, Küttinger, Kurrent, Dr. Meitinger, Dr. Rakob, Wiedemann und den Herren Harr, Kunz, Dr. Roth, Dr. Kohler, Dr. Süß und Storz.

Besonderen Dank schulde ich zahlreichen Institutionen und Personen in Marokko, insbesondere:

dem Ministerium für Städtebau, Wohnungswesen, Tourismus und Umweltfragen mit den Herren Chêrif Mohamed Ali El Idrissi, Belmahi, Hensens und Papini;

der Direction de la Conservation Foncière et des Travaux Topographiques, Division de la Carte, mit Herrn Britel;

der Bevölkerung von Ait el Arbi mit Youssef Ait Oussâdin

und der Botschaft der Bundesrepublik Deutschland in Rabat mit den Damen und Herren Braun, Dziubek und Maier-Oswald.

München im September 1979

Jürgen Adam

KSAR VON OULED AMAR

z 1

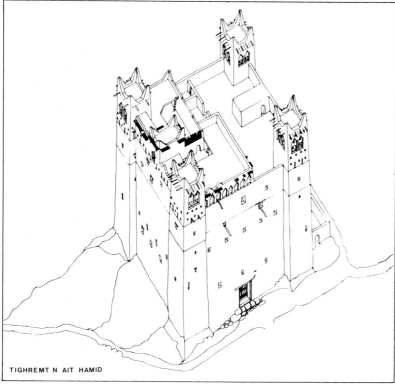

TIGHREMT N AIT HAMID

z 2

0. Einleitung

0.1. Gegenstand der Untersuchung

0.1.1. Das Ksar

z 1   Das Ksar (Plural Ksour) ist eine befestigte Siedlung. Bauliche Elemente dieser Siedlung sind die Ksarhäuser, zuweilen eine Moschee, ein Hamam (Badehaus), eine Jemāa (Gemeinschaftshaus), ein Torgebäude, Gassen und Höfe, Wehrmauern und Wehrtürme, hin und wieder ein Tighremt und ein Befestigungsgraben.

0.1.2. Der Tighremt

z 2   Der Tighremt, Tirhermt, Tiguemmi (Plural Tigermatin) ist ein individuelles befestigtes Wohnhaus. Es setzt sich aus einer Wohneinheit oder mehreren Wohneinheiten, meistens aus **vier** Ecktürmen, einer im EG fensterlosen Zwischenfassade und in der Regel aus mehr oder weniger zahlreichen Anbauten und Vorhöfen zusammen.

0.2. Verfahren der Untersuchung

0.2.1. Voraussetzungen

Bei vier Aufenthalten im Süden Marokkos in den Jahren 1966, 1969, 1973 und 1977 bestand Gelegenheit, zahlreiche Ksour und Tigermatin zu besuchen. Insbesondere in Ait el Arbi, einem kleinen Dorf am Oberlauf des Dadès, aber auch in einigen anderen Orten war es möglich, Gebäude oder Bauteile aufzumessen und Bewohner zu befragen. Die auch in den letzten Jahren nicht abgebrochene Bautätigkeit erlaubte es, an gerade entstehenden Gebäuden zumindest teilweise noch immer gültige funktionale Zusammenhänge, traditionelle Konstruktionstechniken und Gestaltmerkmale zu studieren. Das Königlich Marokkanische Ministerium für Städtebau, Wohnungsbau, Tourismus und Umweltplanung (Ministère de l'Urbanisme, de l'Habitat, du Tourisme et de l'Environnement) gestattete den Einblick in zum Teil unveröffentlichte Literatur und stellte Plan- und Fotomaterial von traditionellen Ksour und neueren Planungen zur Verfügung. Diese Unterlagen werden durch annähernd 3000 Diapositive und Schwarz-Weiß-Aufnahmen ergänzt. Die Division de la Carte der Direction de la Conservation Foncière et des Travaux Topographiques in Rabat stellte Kartenmaterial in den Maßstäben 1 : 100.000, 1 : 500.000, 1 : 5.000.000 und 1 : 8.000.000 zur Verfügung. Schließlich war es möglich, in Bibliotheken in Rabat, Paris und München die überwiegend französische Literatur zu studieren und auszuwerten.

0.2.2. Untersuchungsvorgang

a 1, a 2   In Kapitel 1 und 2 werden die Rahmenbedingungen, die zur Ausformung der Bau- und Siedlungstypen geführt haben, verbal beschrieben und anhand von Kartenmaterial belegt. In Kapitel 3 werden Hypothesen über die Herkunft von Tighremt und Ksar diskutiert. Im 4. Kapitel werden materiell funktionale Aspekte von Tighremt und Ksar beschrieben und anhand von Beispielen belegt. Das 5. Kapitel dient der Beschreibung von Baumaterialien, Bauteilen und Konstruktionstechniken. Im 6. Kapitel wird die Gestalt von Ksar und Tighremt analysiert. Die Gliederung dieses Kapitels entspricht den wesentlichen Gestaltmerkmalen der beiden Architekturformen. Kapitel 7 dient der Beschreibung des heutigen Zustandes von Tighremt und Ksar. Im 8. Kapitel werden die Ergebnisse der Untersuchung zusammengefaßt und verglichen. Im Exkurs werden schließlich nach der Diskussion der Notwendigkeit, der Möglichkeiten und der Grenzen der Erhaltung von Ksar und Tigh-

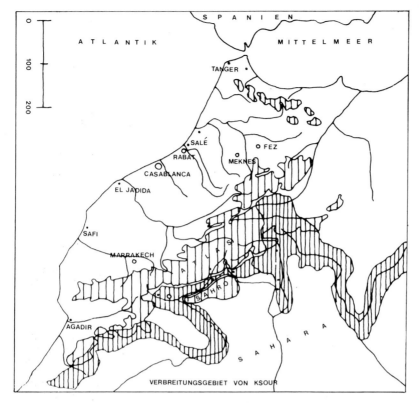

z 3

VERBREITUNGSGEBIET VON KSOUR

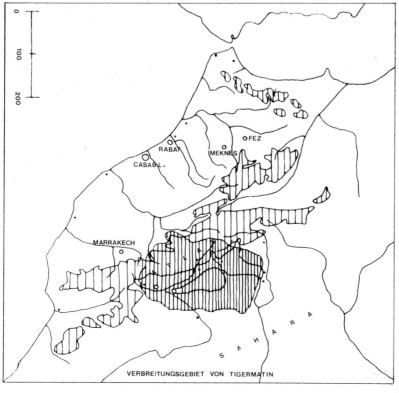

z 4

VERBREITUNGSGEBIET VON TIGERMATIN

remt Möglichkeiten und Grenzen der Anwendung traditioneller Elemente bei der Entwicklung zeigemäßer Wohnanlagen und Siedlungen erörtert.

0.3. Ziel der Untersuchung

Über die Faszination des Fremdartigen hinaus bieten die im Folgenden dargestellten Wohn- und Siedlungsformen im Süden Marokkos hervorragende Beispiele einer Architektur, die durch ihre Klarheit bestischt. Die vorliegende Arbeit dient dem Ziel, die Kenntnis über diese Architektur zu vervollständigen, zu erweitern und sie einer interessierten Fachöffentlichkeit im deutschsprachigen Raum vorzustellen. Sie bietet vielfältige Anregungen für zeitgenössische Architekten und zugleich Grundlagen für eine sinnvolle technische Hilfe in dieser Region.

a 3
a 4

0.4. Grenzen der Untersuchung

0.4.1. Geographische Abgrenzung

z 3, z 4

Die Grenzen des Untersuchungsgebietes entsprechen denen des Verbreitungsgebietes von Ksar und Tighremt. Die vorgestellten Ksour und Tigermatin sind ausgewählte Beispiele, die sich auf einige Schwerpunkte konzentrieren.

0.4.2. Typologische Abgrenzung

Neben Ksar und Tighremt gibt es im Süden Marokkos einige andere Siedlungsformen, wie das Gebirgsdorf, das Kelãa (unbefestigte Siedlung, die ihre Wehrhaftigkeit aus besonderen geographischen oder topographischen Situationen bezieht) und die Berber-Kasba (Wohnsitz von einflußreichen Berberfamilien, wie z.B. den Glaua oder von deren Abgesandten), die hier nicht behandelt werden. Auch der Agadir (befestigte Gemeinschaftsspeicher zumeist unbefestigter Siedlungen, wie z.B. Irherm n'Ougdal) wird nicht behandelt.

z 15

0.4.3. Zeitliche Abgrenzung

Die exakte Abgrenzung der dargestellten Beispiele nach der Entstehungszeit ist nicht möglich, doch kann davon ausgegangen werden, daß keines der beschriebenen Ksour und keiner der Tigermatin älter als 180 Jahre ist (siehe Kapitel 3).

0.4.4. Abgrenzung zu vorhandenen Untersuchungen

Die überwiegende Zahl der vorliegenden Untersuchungen über Ksar und Tighremt stammt aus der französischen Protektoratszeit in Marokko. Alle neueren, vom marokkanischen Staat durchgeführten Untersuchungen, sind, wie die aus der Zeit des Protektorats, in französischer Sprache geschrieben. "Living on the edge of the Sahara", eine holländische, englisch geschriebene Veröffentlichung über traditionelle Wohn- und Siedlungsformen Marokkos enthält u.a. je ein Kapitel über Ksar und Tighremt.

a 5

In der deutschsprachigen Literatur sind bisher überwiegend Arbeiten von Ethnologen oder Geographen zu diesem Thema zu finden. Die Untersuchungen von Architekten beschränken sich auf einige Aufsätze in Fachzeitschriften.

a 6
a 7

In der vorliegenden Arbeit wird versucht, funktionale, konstruktive und gestalterische Merkmale aus der Sicht des Architekten möglichst umfassend darzustellen. Hierbei werden eine ganze Reihe von bisher unbeachteten oder nur am Rande erwähnten Merkmalen vorgestellt. Dazu gehört die Darstellung eines geschlossenen Tighremt mit allen Grundrissen und Ansichten und einem Schnitt, die Darstellung von ornamental verlegten Decken,

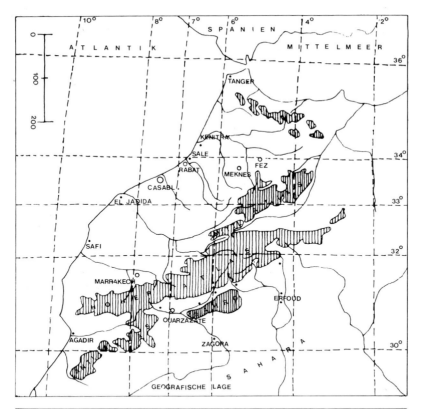

Z 5

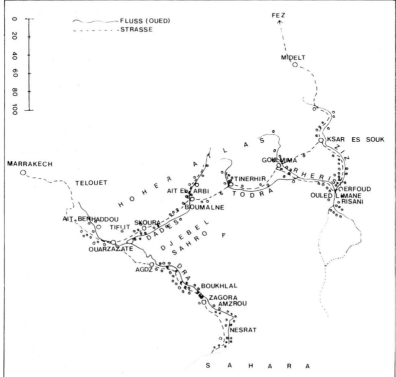

Z 6

von Türen, eines Ksartores, ei-
ne Betrachtung über den Tamesrit (Empfangsraum) beim geschlossenen Tighremt, einer Reihe von konstruktiven Details usw. Aus-
serdem wurden wesentliche Gestaltmerkmale von Ksar und Tighremt
herausgearbeitet, die in bisherigen Untersuchungen nicht berück-
sichtigt sind.

a 8

0.4.5. Abgrenzung des Arbeitsumfanges

Das Ziel dieser Untersuchung erfordert eine möglichst umfassen-
de Darstellung der vorgestellten Bau- und Siedlungstypen. Andererseits läßt die Einzelbearbeitung nur einen beschränkten Ar-
beitsumfang zu.

Es bleibt weiterführenden Arbeiten vorbehalten, Unterschiede in
der Architektur des Ziztales, des Dadès und des Dratales zu untersuchen, die Baumaterialien einer chemisch und bauphysika-
lisch exakterten Untersuchung zu unterziehen, die Konstruktionstechnik der Gurtbögen bei den Hoftypen der Tigermatin und den
Ksarhäusern zu analysieren oder die Hypothesen über die Herkunft von Tighremt und Ksar zu untermauern und zu präzisieren.
Die Zielsetzung dieser Untersuchung erfordert es, den heutigen
Zustand von Ksar und Tighremt vorzustellen und im Exkurs Möglichkeiten und Grenzen der Erhaltung und einer eventuellen Verwendung traditioneller Architektursysteme zu diskutieren.

1. Land und Bevölkerung

1.1. Das Land

1.1.1. Geographische Bedingungen

z 5   Das Untersuchungsgebiet befindet sich zwischen dem 4.° und 7.°
westlicher Länge und zwischen dem 30.° und 33.° nördlicher
Breite. Eine ganze Reihe von Ländern, in denen durch Baumate-
rial und Konstruktionstechnik verwandte Bauformen entstanden
sind, liegt annähernd auf denselben Breitengraden. Tozeur und
Nefta in Tunesien, das Nildelta, Euphrat und Tigris, das mittlere Persien mit Persepolis, der Süden Afghanistans, Tibet,
aber auch Arizona und Neu-Mexiko (Verbreitungsgebiet der Pueblos) liegen in dieser Zone.

z 6   Das Verbreitungsgebiet von Ksar und Tighremt reicht vom südöstlichen Abhang des Hohen Atlas bis in die Sahara hinein und befindet sich in einer Höhenlage zwischen 700 und 1700 m über dem
Meer. Während die Tigermatin vor allen anderen Gebieten im Dadèstal anzutreffen sind, sind Ksour entlang des Dra, Todra,
Rheris, Ziz und Guir, aber auch am Dadès und im Djebel Sarhro
zu finden. Wo die Flüsse nicht ganzjährig Wasser führen - zumindest unterirdisch- hört jede Besiedlung auf. Hier beginnt
das Gebiet der Nomaden.

1.1.2. Klimatische Bedingungen

z 7   Die mittlere langjährige Niederschlagsmenge im gesamten Gebiet
a 9   liegt bei weniger als 200 mm Wassersäule pro Jahr. Im südöstlichen Abschnitt der Täler des Dra, Rheris, Ziz und Guir, also
unmittelbar am Rande der Sahara, liegt sie sogar unter 100 mm.
Die Zahl der Tage, an denen Niederschläge zu verzeichnen sind,
schwankt im Jahresdurchschnitt zwischen weniger als 20 Tagen im
südöstlichen Teil des Gebietes (Sahara) bis zu 40 Tagen am Oberlauf des Dadès (Atlasgebirge). Die Zahl der sogenannten trocke-
nen Monate, bei denen die mittlere durchschnittliche jährliche
Niederschlagsmenge kleiner oder gleich der doppelten mittleren

15

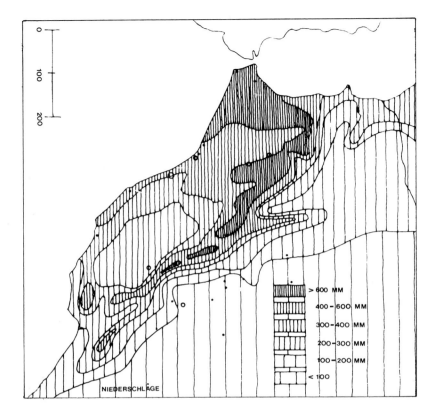

Z 7

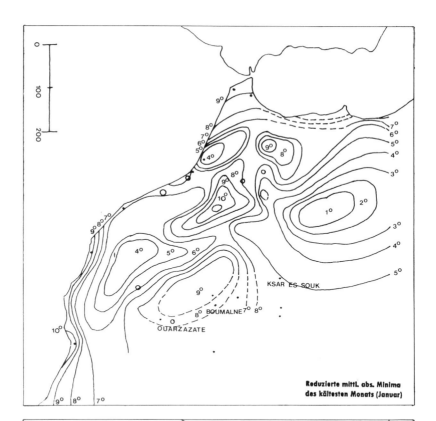

z 8

Reduzierte mittl. abs. Minima des kältesten Monats (Januar)

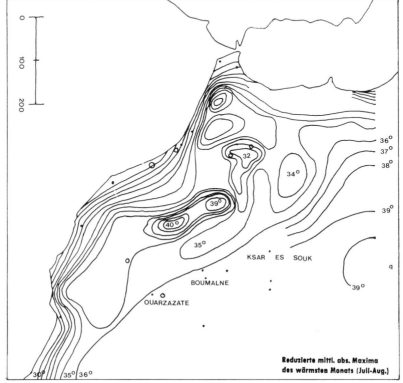

z 9

Reduzierte mittl. abs. Maxima des wärmsten Monats (Juli-Aug.)

17

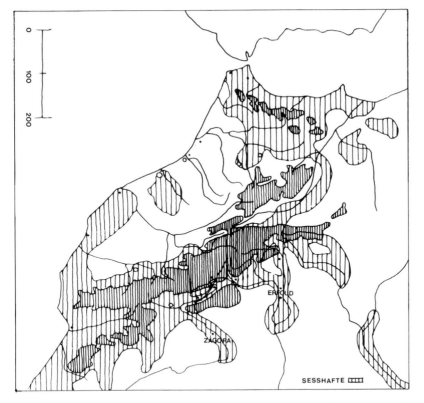

z 10

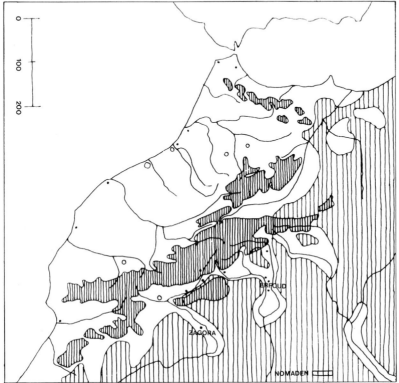

z 11

durchschnittlichen Jahrestemperatur, gemessen in °C, ist, liegt
zwischen 9 Monaten in den höher gelegenen Atlastälern und 12
Monaten in den Randzonen der Sahara. Die Luftfeuchtigkeit ist
im Jahresdurchschnitt gering. Die Minimal- bzw. Maximaltempera-
turen (reduzierte mittlere absolute Minima des kältesten Monats
Januar bzw. reduzierte mittlere absolute Maxima des wärmsten
Monats Juli bis August) schwanken nach Bidault zwischen 5° C im
kältesten Monat, gemessen in den Hochtälern des Atlas und 37
bis 39°C im wärmsten Monat, gemessen in den Randzonen der Sahara. Tagestiefsttemperaturen unter dem Gefrierpunkt sind am
Oberlauf des Dadès ebensowenig eine Seltenheit wie Tageshöchst-
temperaturen um 50°C im südlichen Dratal. Im Tagesablauf sind
Temperaturschwankungen von mehr als 20°C an der Tagesordnung.
An Tagen guter Fernsicht sind, durch die Hitze des oberen Dratales, die mit ewigem Schnee bedeckten Berge des Hohen Atlas zu
sehen.

a 10
z 8, z 9

Die großen Temperaturdifferenzen zwischen Sahara und Atlasgebirge erzeugen staubführende Winde, die talabwärts als kalte
und talaufwärts als heiße Winde wehen.

Charakteristisch für das Gebiet ist das räumliche Nebeneinander
von Gebirgs- und Wüstenklima. Während Ait el Arbi ein nieder-
schlagsreicheres Gebirgsklima mit deutlichen Temperaturunter-
schieden zwischen Sommer und Winter aufweist, ist für das südliche Dratal reines Wüstenklima festzustellen.

1.1.3. Flora und Fauna

Im Zusammenhang mit der hier vorgelegten Arbeit ist vor allem
der menschlicher Nutzung zugeführte Teil der Flora und Fauna
von Interesse. Die pflanzlichen und tierischen Produkte werden
landwirtschaftlich kultiviert und als Nahrung, Kleidung oder
Baustoffe verarbeitet. Eine detaillierte Beschreibung befindet
sich in Absatz 2.3.1. (Landwirtschaft) bzw. in Abschnitt 5.1.
(Baumaterialien).

Die geringen Niederschlagsmengen und die hohen Temperaturen lassen Vegetation nur auf bewässerten Flächen, entlang von Fluß-
läufen zu. Die übrige Landschaft ist nahezu vegetationslos.

1.2. Die Bevölkerung

1.2.1. Stammesgliederung

Der Hauptteil der Bevölkerung wird im Verbreitungsgebiet von
Ksar und Tighremt von einer Vielzahl von Berberstämmen gestellt,
die nach Robert Boulanger im untersuchten Gebiet in die Gruppen
der Masmouda und Sanhadscha zu untergliedern sind. Beachtlich
ist der nach Süden hin wachsende Anteil negroider Bevölkerung.
Auch Araber und Juden sind anzutreffen.

a 11

a 12

Der Grenzverlauf zwischen den Gebieten der Masmouda und Sanhadscha wird in "living on the edge of the sahara" parallel zum
Oberlauf des Dra angegeben. Diese Grenze ist nicht ohne Bedeutung, weil sie dem ursprünglichen Grenzverlauf der Sprachgebie-
te der Masmouda (Tachelhait) und der Sanhadscha (Tamazirht)
entspricht. Bedeutender ist jedoch die Grenze zwischen seßhafter und nomadisierender Bevölkerung, die weitgehend der Grenze
zwischen bewässerter und nicht bewässerter, landwirtschaftlich
bebauter bzw. unbebauter Fläche, ortsfester bzw. mobiler Behausung entspricht.

z 10
z 11
a 13

1.2.2. Organisation der Dorfgemeinschaften

1.2.2.1. "Familie"

Die kleinste und zugleich wichtigste soziale Einheit innerhalb   a 14
einer Stammesgemeinschaft ist die "Familie"; die Großfamilie.
Sie ist allerdings nicht zu verwechseln mit der Großfamilie
schwarzafrikanischer Prägung, bei der der Grad der Verwandtschaft keine Rolle spielt. In "living on the edge of the sahara"
wird sie als "fire" bezeichnet. Dieses "fire", berberisch ikhs
oder igha, also "Familie", besteht aus den Eltern, den unverheirateten Kindern, oft einem Großelternteil, zuweilen einem
oder mehreren verheirateten Söhnen, ihren Frauen und Nachkommen.
Haupt der "Familie" ist der Großvater, oder wenn dieser verstor-
ben ist, der Vater. Das Familienoberhaupt führt die "Familie"
im Inneren und vertritt sie nach außen.

Mit wenigen Ausnahmen führen das Familienoberhaupt und die verheirateten Söhne weitgehend getrennte Haushalte, jedoch häufig
unter einem Dach. Mahlzeiten werden getrennt zubereitet und ge-
gessen. Diese Beobachtung ist für das Verständnis der Zuordnung
mehrerer Ksarhäuser zu einer verschließbaren Sackgasse innerhalb des Ksar ebenso von Bedeutung wie für das Verständnis der
Nutzungsgliederung einiger geschlossener Tigermatin.

Youssef Ait Oussâadin, Amghrar (Dorfältester) Ait el Arbis, Mit-
eigentümer des im Folgenden beschriebenen Tighremt der Ait Hamid, ist das Oberhaupt einer "Familie" im oben erwähnten
Sinn. Seine "Familie" lebte 1977 in einem großen ebenerdigen
Gebäude, in mehr oder weniger streng getrennte Haushalte untergliedert.

1.2.2.2. Institutionen des dörflichen Lebens

Die kleineren Dorfgemeinschaften werden von der Jemâa el amma   a 15
(Rat der Ältesten) und vom Amghrar geführt. In größeren Dörfern
besteht neben der Jemâa el amma noch eine weitere Institution,
die Jemâa el kabira (Senat), deren Vorsitzender zusammen mit
dem Amghrar die Geschicke des Dorfes bestimmt.

Der Amghrar ist in der Regel, wenn auch manchmal durch Akklama-
tion wie Youssef Ait Oussâadin gewählt, und daher absetzbar. Er
ist "primus inter pares", der die gemeinschaftlichen Belange
des Dorfes vertritt. In früheren Zeiten war der Amghrar auch
für die Verteidigung zuständig. In Kriegszeiten mobilisierte er
die wehrtauglichen Männer des Dorfes. Er hatte die Bewachung
des Ksartores und die Besetzung der vorgeschobenen Wachposten
sicherzustellen. Er hatte das Bepflanzen der Felder, das In-
standhalten der Bewässerungsanlagen und der gemeinschaftlichen
Verteidigungsanlagen zu überwachen. Straftäter wurden von ihm
bestraft.

Youssef Aid Oussâadin kam diesen Verpflichtungen, mit Ausnahme
der Regelung der Verteidigungsmaßnahmen, auch noch 1977 nach. Er
berichtete z.B., daß sich aus jeder Familie Ait el Arbis ein
männliches Mitglied nach Aufforderung an der Instandhaltung der
Bewässerungskanäle zu beteiligen habe. Wer fernbleibt, hat den
Minztee und den Zucker zu bezahlen, der zur Bereitung dieses
Getränkes für die an den Reparaturarbeiten Beteiligten erforderlich ist. Die aus unserer Sicht vergleichsweise milde Strafe
ist offensichtlich ein ausreichendes Regulativ. Noch immer ist
der Gemeinschaftssinn sehr ausgeprägt.

Der Respekt und die Verehrung, die Youssef Ait Oussâadin entge-
gengebracht wurden, war beeindruckend. Sonst lärmende Kinder
verhielten sich ruhig in seiner Nähe. Bei der Begrüßung küßten
sie seine Hände. Respekt vor der Position des Dorfältesten, vor
dem wohl auch nach Jahren Ältesten, was hier wohl auch dem Er-
fahrendsten bedeutet, wie auch vor dem "pater familias" einer
der wohlhabendsten und ältesten ortsansässigen Familien und vor
dem größten Landeigner fließen ineinander.

Die Jemāa el amma beschließt oder modifiziert die Regeln des dörflichen Gemeinlebens. Sie ist die Institution, die Verträge mit anderen Dörfern oder mit nomadisierenden Stämmen abschließt. Der Amghrar sorgt für die Durchsetzung. Legislative und Exekutive sind zwar getrennt, doch nicht in der formalen Strenge, wie das bei uns der Fall ist. Die judikative Gewalt wird in Fällen einfacherer Delikte zusammen mit der Exekutive vom Amghrar wahrgenommen. Bei schwerwiegenden Fällen wendet er sich heute an den Caid (ungefähr dem Landrat vergleichbar).

Bemerkenswert ist die starke Position von Amghrar und Jemāa. Diese ist mit Sicherheit gerade beim ausgeprägten Individualismus der Berber und beim Gewicht einzelner "Familien" zu einem wesentlichen Teil darauf zurückzuführen, daß die außerordentlich schwierigen natürlichen und politischen Umweltbedingungen jedermann bekannt und einsichtig waren. Die einzige Möglichkeit, dieser Bedingungen Herr zu werden, lag im gemeinsamen Handeln. Gemeinsames Handeln war ohne Führung aber nicht möglich. Wie anders als durch die offenkundig und jedermann einsichtige Erkenntnis der Notwendigkeit ist zu erklären, daß die Ksour von der Gemeinschaft des Dorfes auf einmal errichtet wurden, daß Bewässerungsanlagen und Verteidigungsanlagen gemeinsam unterhalten wurden, daß Menschen bereit waren, ihr ganzes Leben den engen sozialen und baulichen Grenzen im Ksar zu unterwerfen.

1.2.2.3. Ethnische, soziale und religiöse Gruppierungen

Nicht ohne Bedeutung für das Verständnis von Wohn- und Siedlungsformen ist das Neben- und Miteinander unterschiedlicher ethnischer, sozialer und religiöser Gruppen im Verbreitungsgebiet von Ksar und Tighremt. So ist z.B. festzustellen, daß in Skoura neben Mitgliedern unterschiedlicher Berberstämme aus den Oasengebieten des Südens und aus höher gelegenen Regionen des Atlasgebirges auch Araber und Juden angesiedelt sind.

a 16

Juden lebten entweder in eigenen Siedlungen oder in abgesonderten Teilen von Siedlungen.

Innerhalb der berberischen Bevölkerung ist eine Hierarchie in der sozialen Stellung zu beobachten, die unter anderem zu deutlichen Abgrenzungen innerhalb der Dörfer oder zu gesonderten Dörfern führt. Die Chorfa (singular Cherif), Abkömmlinge Mohammeds, stellen neben den Mrabtin (singular Marabout) Ortsheiligen, weisen religiösen Menschen oder deren Nachfahren, die Oberschicht.

a 17

Die Harrar (singular Ahrar) oder Imazirhene (singular Amazirh), "freie Menschen", bilden die Mittelschicht.

Die unterste Klasse wird von den Qebbala (singular Qebli) oder Iqebliyin (singular Aqebli) (Hellhäutigen) bzw. den Haratin (singular Hartani) (Dunkelhäutigen) gebildet. Sie sind die Landarbeiter und die einfachen Bauarbeiter.

Daß auch hier noch Unterschiede gemacht werden, geht aus einem "Strafgesetz" der Ait Izdeg, eines Stammes, der am Oberlauf des Ziz angesiedelt ist, hervor. Danach hat ein Mörder für den Mord an einem Hartani nur halb so viel Sühnegeld zu bezahlen wie für die Ermordung eines Qebli, während das Leben eines Ahrar sechzehn mal so viel wert ist.

a 18

Die Zugehörigkeit zu einer ethnischen oder religiösen Minderheit (Haratin, Juden) ist hier gleichbedeutend mit einer Stellung am unteren Ende der sozialen Hierarchie.

2. Politische, kulturelle und wirtschaftliche Bedingungen

2.1. Das Ksar

2.1.1. Politische Bedingungen

Die gesellschaftliche Organisation des Ksar ist in Kapitel 1 Abschnitt 1.2. bereits beschrieben. Die für Siedlungsform und Architektur bestimmenden politischen Bedingungen resultieren, unabhängig von der Entstehungszeit oder von regionalen Besonderheiten, vor allem aus dem Dualismus zweier sich grundsätzlich unterscheidender Lebensformen, dem seßhaften Leben einerseits und dem nomadisierenden Leben andererseits, die sich an den wasserreichen Flußoasen ständig begegneten. Die Siedlungsform des Ksar wäre ohne die immerwährende Gefahr von außen nicht vorhanden.

a 19

Keine Gemeinschaft von Menschen ist wohl bereit, ohne zwingende Gründe tägliches Leben so engen Grenzen zu unterwerfen, wie sie durch die Umwallung der Ksour und das sich daraus ergebende enge Miteinander der Bewohner gebildet werden. Diese äußeren Zwänge, die wechselvolle Geschichte, die Bedrohung aus der Sahara, aber auch von der fernen Zentralgewalt marokkanischer Dynastien, ließen diese Lebensform jedoch für jedermann einsichtig als das kleinere der möglichen Übel erscheinen.

Trotz der Befestigungsanlagen der Siedlungen, die in den exponierten Randlagen zudem noch geschützt inmitten ihrer Oasen liegen, bestanden Schutzverträge zwischen Seßhaften und Nomaden. Diese Verträge, bei denen gegenseitige Hilfestellung vereinbart wurde, führten in der jüngeren Geschichte weder zur Sklaverei noch zum Vasallentum einer der Parteien. Die Verträge verbanden vielmehr beide Seiten durch gemeinsame Interessen. Die Seßhaften überließen ihren Beschützern einen Teil ihres Territoriums und verpflichteten sich, ihnen vertraglich vereinbarte prozentuale Anteile an allen Ernten zu geben. Die Nomaden übernahmen den Schutz der Dörfer und der Ernten. Sie sorgten für die Anerkennung und die Respektierung des Gebietes ihrer Vertragspartner.

a 20

a 21

2.1.2. Kulturelle Bedingungen

Es fällt nicht schwer, sich vorzustellen, daß die am weitesten in die Sahara vorgeschobenen Oasengebiete durchreisende Karawanen anzogen wie große Häfen die Schiffe. So ist bekannt, daß noch Anfang dieses Jahrhunderts das Knie des Dratales Start und Ziel zahlreicher Karawanen in verschiedenen Richtungen, vor allem aber von und nach Timbuktu war. Wie bei allen Hafenstädten, sind die kulturellen Einflüsse vielfältig. Ethnische und religiöse Einflüsse, das Nebeneinander von Seßhaften und Nomaden, haben die Kultur dieser Region geprägt. Von Bedeutung ist der Einfluß des Islam in einer liberalisierten, regionalisierten Form. Die Frauen genießen mehr Freiheiten als die Araberinnen Westmarokkos. Sie sind unverschleiert.

a 22

Zwar sind auch hier, wie bei den nur wenige 100 Kilometer östlich lebenden Mozabiten (ebenfalls Berbern) die Fenster der Wohnhäuser klein und die privaten Wohnbereiche nach innen orientiert. Die unbedingte Trennung zwischen dem privaten Leben, besonders der Frauen, und dem öffentlichen Leben der Männer ist hier aber wesentlich weniger ausgeprägt.

Henri Terrasse, früherer Direktor der Abteilung Archäologie und Kunst des "Institut des Hautes Etudes Marocaines" in Rabat, hat mögliche und tatsächliche Zusammenhänge der Architektur Südmarokkos mit anderen Kulturen folgendermaßen angedeutet: "Die Architektur der Oasen, die das Produkt einer über Jahrtausende abgestuften Geschichte ist, läßt uns weit entfernte Zeitalter berühren. Diese Paläste aus Erde führen uns zu den ersten Städten der Ebenen Vorderasiens zurück, deren Ausgrabungen uns heute die Überreste zeigen, während uns die Oasen Marokkos deren

a 23

lebendige Vorstellung vermitteln". Die Vorstellung von Henri Terrasse, daß das Ksar die großen Linien des Castrum konserviere, ist sicher nicht falsch, doch wird sie wohl zu Recht von der "Kasba 64 Study Group" erweitert. In deren Untersuchung wird auf die Ähnlichkeit der Ksarhäuser mit den Medinahäusern arabischer Städte, dem römischen Haus, dem Stadthaus in Spanien, Griechenland und anderen Mittelmeerländern verwiesen. Alte Siedlungen in Ägypten und anderen Ländern zeigen, daß der Prototyp des Hofhauses sehr alt ist und große Teile des Mittelmeerraumes beherrschte.

2.2. Der Tighremt

2.2.1. Politische Bedingungen

Über die politischen Bedingungen bei der Entstehung des Tighremt ist wenig bekannt. Noch am präzisesten ist die Beschreibung von D. Jacques Meunié über das Dadèstal, in dem es während einer langen Epoche der Unsicherheit trotz des Zusammenschlusses verschiedener Stämme und dem Abschluß zahlreicher Schutzverträge nicht möglich war, aus dem kollektiven Wohnen hinter der Ksarmauer auszubrechen. Das völlige Lösen des Tighremt aus dem Ksar war jedoch erst denkbar in einer Zeit politischer Ruhe oder an Orten relativer Zurückgezogenheit während einer Phase wirtschaftlicher Prosperität.

Diese Voraussetzungen scheinen im zweiten Viertel des 19. Jahrhunderts im Dadèstal zusammengetroffen zu sein und sich allmählich verstärkt zu haben. Der relative Frieden während der Regentschaft Moulay el Hassane's (1873 bis 1894) ermöglichte in verstärktem Maße den Bau zahlreicher Tigermatin, zumal sich die Amtsgewalt des Sultans offensichtlich im Süden Marokkos nicht in der Einforderung von Steuern auswirkte.

Erst die Eroberungszüge der Glaua, eines einflußreichen Berbergeschlechtes mit Hauptsitz in Telouet (nordwestlich von Ouarzazate), und die darauf folgenden sogenannten "Befriedungsfeldzüge" der Franzosen führten etwa seit der Jahrhundertwende zu einem allmählichen Rückgang der Bautätigkeit.

Seit Beginn des 2. Weltkrieges werden kaum noch Tigermatin errichtet. Die architektonische Tradition verliert sich.

2.2.2. Kulturelle Bedingungen

Wie die Ksour, wurden auch die Tigermatin vielfältig beeinflußt. Es mag sein, daß der Einfluß der Nomaden besonders stark ist. Zahlreiche Tigermatin in der Gegend um Boumalne du Dadès werden von Ait Atta und von Ait Seddrate, also von ehemaligen Nomaden bewohnt.

Die Bedeutung des Tamesrit (Empfangsraum für Gäste) innerhalb der Tigermatin deutet z.B. auf nomadischen Einfluß hin. Gerade bei Nomaden hat das Gastrecht einen besonders hohen Stellenwert.

Nicht zu unterschätzen ist der arabisch-städtische Einfluß, der z.B. bei den Imerhrane zu besonders reichen Ausformungen der Tigermatin führt.

Der Einfluß der Protektoratsmacht Frankreich setzte im ersten Drittel dieses Jahrhunderts nur sehr zögernd ein und gewann erst nach dem Bau der ersten Paßstraßen in den dreißiger Jahren an Bedeutung.

2.3. Wirtschaftliche Bedingungen von Ksar und Tighremt

2.3.1. Landwirtschaft

Bei der Frage der wirtschaftlichen Bedingungen spielt ebenfalls
der Dualismus zwischen nomadischer und seßhafter Lebensform
eine wesentliche Rolle.

Ali Ben Hammou n Ait Hamdi, einer der Eigentümer des Tighremt
der Ait Amr in Ait el Arbi, war 1977 mit seinen Herden (500 Ziegen, 50 Schafen, 15 Eseln und 10 Kamelen) und dem engeren Kreis
seiner Familie auf Weidegründen in der Nähe von Beni Mellal. a 30
Dies zeigt, daß innerhalb einer Siedlung neben den Ackerbauern
auch zeitweise Weidewirtschaft betreibende ansässig sind. Dieses Wechseln von Sommerweide zu Winterweide mit komplizierten
Weiderechten und einem festen Wohnsitz ist der Almwirtschaft
des Alpenlandes verwandt. a 31

Hauptsächliche Lebensgrundlage der seßhaften Bevölkerung entlang der Flußoasen ist jedoch der Ackerbau. Die Landwirtschaft
dieser Region ist bis heute nur wenig spezialisiert und in erster Linie auf die Selbstversorgung angelegt. Dies ist auf die
begrenzten Anbauflächen entlang der Flußläufe, auf deren Kleinteiligkeit, auf die Anbautechniken und auf die Bedrohung von
außen zurückzuführen. Es wird wenig Überschuß produziert. Auch
wenn im Hohen Atlas vereinzelt ein Pflug anzutreffen ist, so
wird trotzdem auch heute noch der überwiegende Teil der Felder
mit der kurzstieligen Hacke bearbeitet. a 32

Die Notwendigkeit der Selbstversorgung führt dazu, daß eine Familie über einen Esel, zehn Ziegen, fünf Schafe, acht Hühner,
selten über eine Kuh verfügt; daß die gleiche Familie einen
Mandelbaum, drei Nußbäume, einen Granatapfelbaum, vielleicht
einen oder zwei Pfirsich- und Feigenbäume besitzt. Diese Bäume
stehen in der Regel inmitten der Anbauflächen, diese wohl beschattend, gleichzeitig aber auch das Bestellen der Felder erschwerend. Eine Familie, die über mehr als einen halben ha Anbaufläche verfügt, gehört in Ait el Arbi zu den Wohlhabenden.

Youssef Ait Oussâadin, einer der "Reichen" Ait el Arbi's, hat
einen Teil seiner Felder gegen die Abgabe eines Fünftels der
Ernte an andere Dorfbewohner verpachtet. a 33

Die Felder sind in Ait el Arbi selten größer als 50 qm. Sie
werden durch seitliche Erhöhungen oder kleine Kanäle voneinander getrennt. Gerste, Mais, grüne Bohnen, Erbsen, Kartoffeln,
Zwiebeln, Tomaten, aber auch Pfefferminze und Rosen werden angebaut. Auch Luzerne als Viehfutter ist anzutreffen. Selbst
über 1600 m Höhe wie in Ait el Arbi wird zweimal geerntet.

An den Rändern der Felder und im Schwemmland des Flusses wächst
Bambus, neben dem Weidenholz, der Pappel, dem Silberahorn, dem
Nußbaum im Gebirge und dem Holz der Palme in den tiefer gelegenen Oasen wesentliches bauliches Element der Deckenkonstruktionen von Ksarhaus und Tighremt.

In Ait el Arbi hat ein Schäfer die Ziegen und Schafe des seßhaften Teils der Bevölkerung Ait el Arbi's auf den spärlichen
Weiden der näheren Umgebung gehütet. Er ist vom Dorf angestellt
und verköstigt.

Die Tiere, die nicht auf der Weide sind, werden in überdachten
oder offenen Laufställen gehalten. Der Mist wird sporadisch auf
die Felder transportiert.

Trotz der vergleichsweise archaischen Form der Feldwirtschaft
im Atlas und in den Oasen am Rande der Sahara wird doch ein
nicht zu unterschätzender Anteil der landwirtschaftlichen Erzeugnisse Marokkos hier produziert. Die Erträge der Oasengebiete
liegen sogar häufig über den durchschnittlichen Erträgen Marokkos. a 34

Infolge der Höhenlage über 1600 m gedeihen in Ait el Arbi keine

Palmen. In tiefer gelegenen Oasengebieten steht die Dattelpalme dagegen im Mittelpunkt landwirtschaftlicher Produktion. Auch Getreide, Mais und Luzerne werden hier angebaut.

a 35 Häufig gehören die Palmen und die Felder, auf denen sie stehen, verschiedenen Eigentümern, was zuweilen zu Streitigkeiten führt.

2.3.2. Handwerk und Handel

In Ait el Arbi arbeitet und lebt ein Maâllem (Baumeister). Er baut Lehmhäuser mit den auch heute noch sehr schön verlegten Bambusdecken, mit den Putz- und Estricharbeiten. Türen werden von einem Schreiner im benachbarten Boumalne du Dadês hergestellt und vom Maâllem eingebaut.

De la Chapelle berichtet über Nesrat, eines der größten Ksour im Dratal. Dort waren 1929 zehn Metzger, fünf Schmiede, ein Gerber, zwei Kupferverkäufer, ein Butter- und Ölhändler, fünf Zucker- und Salzhändler, zehn oder elf Bäcker, ein Verkäufer
a 36 gekochten Fleisches und ein Kaffeeverkäufer tätig.

a 37 D. Jacques Meunié berichtet namentlich von Baumeistern und Maler-Bildhauern in Tiflit und Skoura. Auch Jean Hensens weist in "Renovation de l'Habitat de la Vallée du Dra" auf die Tätigkeit von Baumeistern hin mit der Feststellung, daß bis vor 40 Jahren
a 38 die Dienste des Maâllem in Naturalien vergütet wurden.

2.3.3. Industrie und Tourismus

In den Jahren nach Beendigung des französischen Protektorats wurde das vorhandene Straßennetz systematisch ausgebaut und erweitert. Es bildet heute zusammen mit einer Reihe von staatlichen Etappenhotels die Grundlage für einen wachsenden Tourismus in dieser Region. Industrie ist nach wie vor nicht vorhanden.

3. Entstehung

3.1. Das Ksar

3.1.1. Anfänge des Ksar

Die Kenntnisse über die geschichtliche Entwicklung der Kulturen im Verbreitungsgebiet von Ksar und Tighremt sind sehr bruchstückhaft. Es ist anzunehmen, daß die frühen Kulturen der Sahara und der Berber eine wesentliche Rolle gespielt haben. Frühe Kontakte dieser Kulturen mit den Kulturen des Vorderen Orients über das Mittelmeer, über Ägypten, aber auch über die Sahelzo-
a 39 ne sind wahrscheinlich.

Über den kulturellen Hintergrund der Bevölkerung der Sahara ist nicht viel bekannt. Zahlreiche Funde von Felsbildern aus der Jungsteinzeit im Hoggar und im Tibestigebirge am südlichen Rand der Sahara lassen jedoch ein reiches Leben unter wesentlich
a 40 milderen klimatischen Bedingungen erkennen.

Die Art und das Maß der Einflußnahme dieser Saharabewohner auf die Welt der Berber ist nicht bekannt. Eine Geschichte dieser Region ist noch nicht geschrieben. Alle bisherigen Untersuchungen blieben daher auf Hypothesen auf der Grundlage von fragmentarischen Kenntnissen, auf Annahmen und Beobachtungen beschränkt.

Eine der bemerkenswertesten Hypothesen über die geschichtliche Entwicklung über die Entfaltung des Dualismus zwischen Nomaden und Seßhaften, über die Verwandtschaft des Ksar mit Kulturen des Mittelmeers und des Nahen Ostens, über die Islamisierung

und die Entwicklung des Karawanenhandels lieferte Jean Hensens. a 41
Im wesentlichen wird dabei die in Abschnitt 2.1.2. vorgetragene
pauschale Hypothese von Henri Terrasse in differenzierter Form
bestätigt. Die ersten befestigten Siedlungen scheinen demnach
zwischen dem 2. und 4. Jahrhundert nach Christus in der Zeit
entstanden zu sein, als auch die Palme, Hauptpflanze der Oasen,
ihre Verbreitung im Süden Marokkos fand.

Jean Hensens schreibt dazu: "Seit diesem Zeitpunkt ist alles in a 42
den Oasen an Ort und Stelle, um das Ksar entstehen zu lassen:
eine arbeitsame Bevölkerung von seßhaften oder halbseßhaften
Landwirten unter der Vorherrschaft großer Nomadenstämme, die
den transsaharischen Handel kontrollieren und für die notwen-
digen Kulturgüter sorgen. Es ist offensichtlich, daß die traditionellen Wohn- und Siedlungsformen der Oasen ihre Gestalt im
wesentlichen orientalischen und vorislamisch mediterranen Einflüssen verdanken".

An anderer Stelle hebt Jean Hensens die Handelsbeziehungen zwischen den schwarzafrikanischen Gebieten südlich der Sahara mit
dem Untersuchungsgebiet hervor, und verweist auch auf die Ähnlichkeit des Ksarhauses mit den Hofhäusern Mesopotamiens und
den daraus ablesbaren kulturellen Einflüssen.

3.1.2. Einflüsse des Islam

In allen Beschreibungen der Entstehungsgeschichte der Ksour a 43
wird die Stadt Sijilmassa 757 n. Chr. (nach der Gründung von
Kairouan und vor der Gründung von Fès) in der Nähe des heutigen
Erfoud gegründet, als die Übermittlerin des Islam angesehen.

Seit der Herrschaft der Almoraviden im 11. Jahrhundert sind die
Oasengebiete immer wieder Teil großer islamischer Staatsgebil-
de. Wegen ihrer Lage an den Toren des außerordentlich gewinn-
bringenden Karawanenhandels quer durch die Sahara wurden sie
von allen Dynastien hartnäckig verteidigt. Sowie die Macht einzelner Dynastien jedoch nachließ, nahm die der Nomaden der
Region sofort wieder zu, und sie installierten von neuem ihre
Vorherrschaft über die seßhaften Oasenbewohner.

Obwohl in dieser Zeit ein reger kultureller Austausch mit Fès,
Tlemcen, Marrakech und Kairouan entstanden war, scheinen doch
die endlosen Kämpfe zwischen der jeweiligen marokkanischen
Zentralgewalt und den verschiedenen Nomadenstämmen, die jahr-
hundertelange Unsicherheit der Region die Kultur der Oasengebiete sehr viel stärker geprägt zu haben als die Einflüsse der
großen Zentren islamischer Kultur im Maghreb. Die traditionelle
Form der Ksour ist das Spiegelbild dieser Jahrhunderte währen-
den Instabilität und Unsicherheit, die bis in die Anfänge des
20. Jahrhunderts andauerte. a 44

3.2. Der Tighremt

Auch über die Entstehungsgeschichte des Tighremt gibt es kein
gesichertes Bild.

Wie beim Ksar, ist man auf Hypothesen angewiesen, gestützt
durch ein bruchstückhaftes Wissen, durch Annahmen, Beobachtungen und mündliche Überlieferungen.

D. Jacques Meunié geht, wie in Abschnitt 2.2.1. bereits ange-
deutet, davon aus, daß sich der Tighremt aus dem befestigten
Weiler, dem Mikroksar bzw. dem Ksarhaus entwickelt hat. Sie
schreibt dazu: "Nach einer Anzahl von Jahren des Wohnens in der a 45
Gemeinschaft des Ksar kam eine oder kamen mehrere Familien zu
Wohlstand und Ansehen. Sie begannen, geräumigere Wohnungen am
Rande der Ksour zu errichten, an die gemeinsamen Wehrmauern an-

gelehnt und den gemeinsamen Zugang des Ksar mitbenutzend".

z 12　Ein schönes Beispiel der Entwicklung des Tighremt aus dem Ksar ist Amridil. Dieses Beispiel zeigt die oben beschriebene Zwischenform, bei der sich der Tighremt noch nicht völlig vom Ksar gelöst hat. Der erste Schritt vom gemeinschaftlichen zum individuellen Wohnen ist aber schon vollzogen. Der Tighremt löst sich in der Folge vom Ksar und wird inmitten der Oase errichtet. Noch ist er nur das Sommerhaus, die "Villa auf dem Lande" der wohlhabenden Familien, die ihren Hauptwohnsitz innerhalb des Ksar zunächst noch nicht aufgibt. Erst die Aufgabe der Wohnung im Ksar bringt die völlige Loslösung. Sie führt endgültig zum neuen Typus des individuellen Wohnens, zum Tighremt. Das Ksar wird zunächst den "ärmeren, kleineren" Leuten überlassen, später wird es zum Teil ganz aufgegeben.

z 14
z 13　Für diese Entwicklung des Tighremt aus dem Ksar lassen sich zwei bauliche Entwicklungslinien denken: die Entwicklung des Hoftyps der Tigermatin aus dem Ksarhaus und die Entwicklung des geschlossenen Tighremt aus dem befestigten Weiler, dem Mikroksar. Während der Hoftyp der Tigermatin überwiegend in den tiefer gelegenen südlicheren Oasengebieten anzutreffen ist, ist der geschlossene Typ eine Entwicklung der höher gelegenen Gebirgstäler.

a 46
a 47
a 48
z 15　Neben der Hypothese von D. Jacques Meunié gibt es noch einige andere bemerkenswerte Hypothesen. Henri Terrasse leitet die Herkunft des Tighremt vom römischen Castellum ab. E. Laoust deutet die Möglichkeit der Abstammung des aus Lehm gebauten Tighremt vom aus Steinen gebauten Agadir der höher gelegenen Gebirgsregionen an.

a 49　Die Kasba 64 Study Group faßt die verschiedenen Hypothesen auf plausible Art und Weise zusammen, indem sie Entwicklungslinien von Agadir und Kelâa der Gebirge mit solchen aus den Ksour der Oasengebiete am Rande der Sahara miteinander verknüpft und dies sogar sprachwissenschaftlich untermauert. Der Begriff "Tighremt" ist demnach nicht nur die Verkleinerungsform von "Igerm" = Ksar, sondern auch von "Igerm" = Agadir.

a 50　Unterschiedlich sind die Vorstellungen vom Alter des Tighremt. Während Henri Terrasse offenbar davon ausgeht, daß sich der Tighremt ohne Unterbrechung aus dem Castellum entwickelt hat, also weit über 1000 Jahre alt ist, berichtet D. Jacques Meunié von den ersten Anfängen der Tigermatin etwa zu Beginn des 19.
a 51　Jahrhunderts. Allerdings ist diese Aussage auf das Dadèstal beschränkt, in dem die Mehrzahl der Tigermatin anzutreffen ist. Alle in dieser Untersuchung vorgestellten Tigermatin stehen im
a 52　Dadèstal. Keiner ist älter als 180 Jahre.

4. Funktion

4.1. Das Ksar

4.1.1. Wehr-, Wohn- und Speicherfunktion

a 53　Der Begriff Ksar wird im Maghreb ebenso für das Militärcamp oder Kriegsdorf wie für das Wehrdorf verwendet. Die Mehrzahl der funktionalen Erfordernisse leitet sich ab aus der Notwendigkeit der Verteidigung, also im baulichen Sinne der Befestigung der Ksour und der Unterordnung sonstiger Bedürfnisse unter die Erfordernisse der Verteidigung.

z 16
z 17
a 54　z 18-z 27　Während die reinen Kriegsdörfer, wie Leqsiba Tat Ifli oder Agouddim n Ouâadjo, offensichtlich nicht zum dauernden Aufenthalt von Menschen bestimmt waren, hatten die Wehrdörfer mit ihren

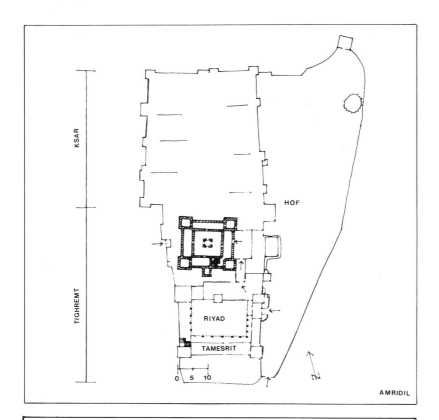

z 12

AMRIDIL

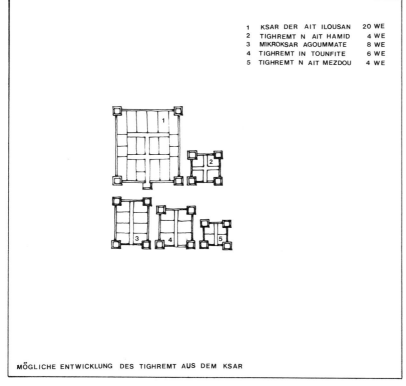

1	KSAR DER AIT ILOUSAN	20 WE
2	TIGHREMT N AIT HAMID	4 WE
3	MIKROKSAR AGOUMMATE	8 WE
4	TIGHREMT IN TOUNFITE	6 WE
5	TIGHREMT N AIT MEZDOU	4 WE

MÖGLICHE ENTWICKLUNG DES TIGHREMT AUS DEM KSAR

z 13

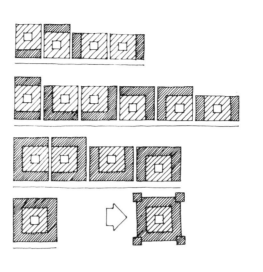

z 14

MÖGLICHE ENTWICKLUNG DES TIGHREMT AUS DEM KSARHAUS

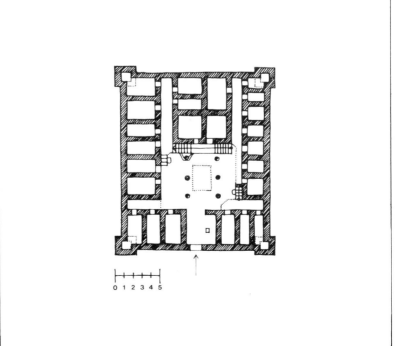

z 15

AGADIR N OUGDAL

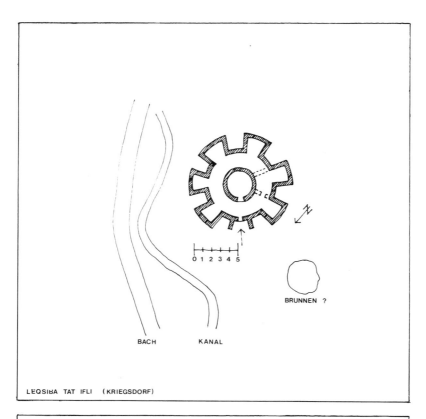

z 16

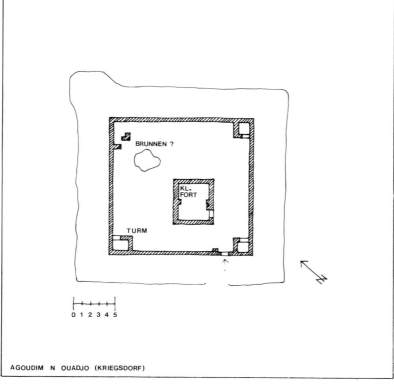

z 17

z 18

KSOUR VON AGOUMMATE UND OULED LIMANE

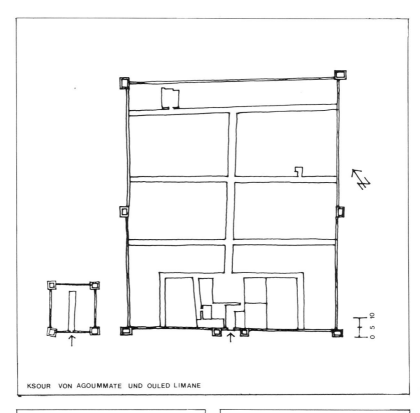

z 19
z 20

KSAR DER AIT ILOUSAN

KSAR VON AMOQRAN

z 22
z 21

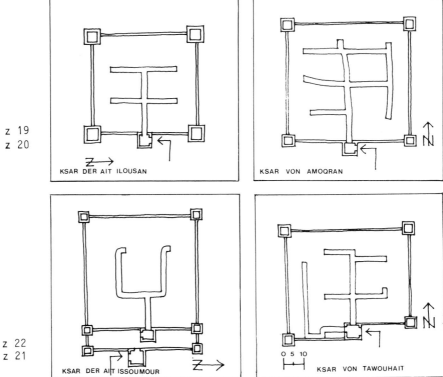

KSAR DER AIT ISSOUMOUR

KSAR VON TAWOUHAIT

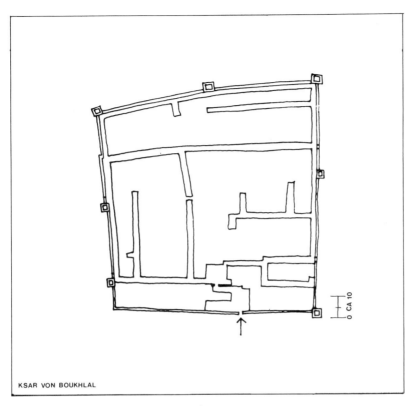

z 23

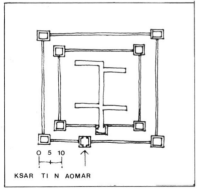
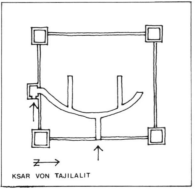

z 24
z 25

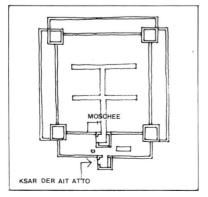
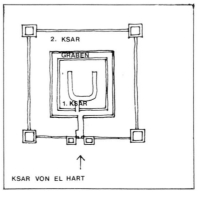

z 26
z 27

Verteidigungsanlagen die Aufgabe, einer mehr oder weniger großen Zahl von Einwohnern einen sicheren Lebensraum zu bieten.

Alle Ksour stellen neben den Wohnhäusern für die Einwohner und gemeinschaftlichen Einrichtungen auch einen geschützten Platz für die Lagerung von Erntegut und Raum für Stallungen zur Verfügung. Die Größe der Ksour variiert von vier, fünf bis zu einigen hundert Häusern. Selten beherbergt ein Ksar mehr als 1000 Personen.

a 55 J. P. Ichter schreibt in "Les Ksour du Tafilalet": "Auch wenn das Wachstum eines Dorfes den ursprünglichen Rahmen sprengt, kann man beobachten, daß es abhängig von den wirtschaftlichen und sozialen Bedingungen eine maximale Bevölkerungszahl von 2500 Einwohnern nie übersteigt. Von dieser Zahl an wird ein neues Ksar gebaut, zwar häufig direkt anschließend und dem alten Ksar verbunden, aber doch mit einem selbständigen Leben".

Im Vorwort zu Ebenezer Howard's "Gartenstädte von morgen" schreibt Julius Posener über griechische Stadtgründungen: "Die Griechen, als sie noch Städter waren wie in Athen und noch nicht Großstädter wie in Alexandria, kannten die obere Grenze. Sie ließen die Städte nicht ins Ungemessene wachsen, sie grün-
a 56 deten Tochterstädte.

a 57 Auch für die Ksour gab es offenbar eine obere Grenze. Sicherlich war die Größenordnung der Ksour von den Transportmöglichkeiten im Ksar (Esel, keine Wagen), von den Wegelängen zwischen Ksarhaus und Oase, von der Überschaubarkeit der Verteidigungsanlagen und von der Größe und Organisierbarkeit vorhandener sozialer Gruppen im Ksar abhängig. Vielleicht war auch die Notwendigkeit des Baus der Ksour in einem Zuge einer der bestimmenden
a 58 Faktoren. Die obere Grenze war hier wie bei den griechischen Städten sicherlich keine willkürliche, sondern eine vielfach bestimmte Grenze.

Eine Sonderform des Wehrdorfes ist die Zaouia (religiöse Bruderschaft). Nicht selten leben Abkömmlinge der höchsten sozialen Schichten, der Chorfa und der Mrabtin, in Zaouias zusammen, die sich zumeist um das Grab eines bedeutenden Cherif oder Marabout oder um die Behausung eines lebenden Cherif oder Marabout
a 59 entwickelten. Diese Zaouias sind äußerlich kaum von den Ksour zu unterscheiden.

4.1.2. Standort der Ksour

Die klassischen Standorte von Ksour sind das Dratal und das Tal von Ziz und Rheris. Auch im Dadèstal, im Todratal und in der Umgebung von Midelt sind zahlreiche Ksour zu finden.

Ksour liegen am Rande oder inmitten von Oasen, wo sie besser geschützt waren gegen Angriffe von außen, und wo ihre Bewohner kürzere Wege zu den Feldern hatten.

Entlang von Dra und Ziz sind Hunderte von Ksour oft in Sichtweite hintereinander aufgereiht. Die Größe der Ksour ist sehr unterschiedlich. Viele Ksour sind ausschließlich von Seßhaften bewohnt. Andere, vor allem in der Umgebung von Midelt, sind von
a 60 Transhumanten bewohnt. Die Abstände der Ksour hängen von der Größe der einzelnen Stämme und von der Ausdehnung der Oasen ab. Märkte finden am Rande größerer Ksour oder auf freiem Feld zwischen mehreren Ksour statt.

4.1.3. Funktionale Gliederung

4.1.3.1. Funktionale Elemente der Verteidigung

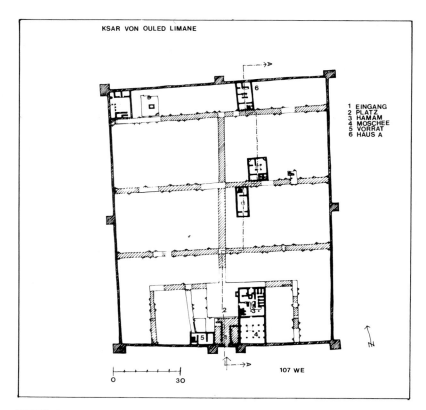

z 28

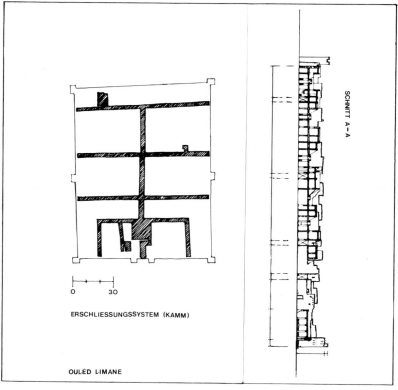

z 29

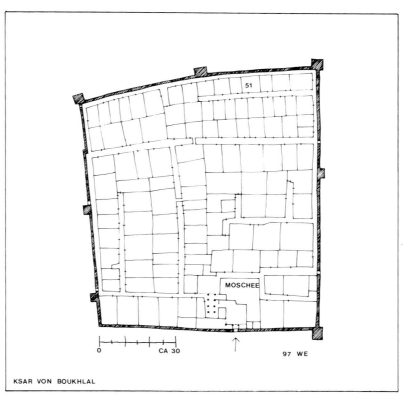

z 30 — KSAR VON BOUKHLAL — MOSCHEE — 97 WE

z 31 — KSAR VON BOUKHLAL — ERSCHLIESSUNGSSYSTEM (RING) > — < PARZELLIERUNG

EINGANG BEIM KSAR VON OULED AMAR

z 32

Neben den in Abschnitt 2.1.1. beschriebenen Schutzverträgen bot
der vor allem durch seine Verteidigungsmöglichkeiten bestimmte
Bau der Ksour die größte Gewähr für einen dauerhaften Schutz.
Dabei sind das Erschließungssystem, die hohe Wohndichte, die
Überbauung der Gassen oder die Enge im Ksar ebenso durch die
a 60a   Notwendigkeit der Verteidigung bestimmt wie die Verteidigungs-
a 61   anlagen selbst. Auch das kleinste Ksar wirkt durch seine Dichte
urban.

Das System der Verteidigungsanlagen ist nicht einheitlich, aber
von außen oft kaum zu unterscheiden. Bei vielen Ksour ist die
z 28   Wehrmauer zugleich Wand der äußeren Ksarhäuser. Bei anderen
z 30   steht die Wehrmauer frei und ist durch eine Gasse von den Ksarhäusern getrennt. Es kommt vor, daß Ksour an einer Seite oder
an mehreren Seiten von Doppelmauern umgeben sind. Zuweilen sind
außerhalb der Wehrmauern Gräben angelegt. An den Ecken der
Ksour sind Wehrtürme angeordnet, die die Wehrmauern in Grund
und Aufriß überragen. Bei größeren Ksour sind entlang der Wehrmauern zwischen den Ecktürmen zusätzliche Türme zu finden. Die
Befestigungsanlagen mußten Ausblickmöglichkeiten bieten, die
Flanken der Umfassungsmauern mußten überwacht und verteidigt
werden. Die Höhe der Wehrmauern und der Türme variiert. Bei einem Ksar der Ait Atto haben die Wehrmauern eine Höhe von 5 m.
a 62   Die Türme sind 12 m hoch. Eine ungeklärte Frage ist, ob die
zur Zeit offenen Schalungslöcher der Wehrmauern als Schießscharten verwendet wurden.

Nur in seltenen Fällen verfügen Ksour über mehr als ein Eingangstor. Alle Eingangstore sind im Grundriß in Form einer
Schikane errichtet. Nicht immer besteht der Eingang aus einem
a 63   besonders geschmückten Eingangsgebäude.

z 32   Der Eingang des Ksar hat häufig eine Bedeutung, die weit über
seine Aufgabe, als Tor zwischen innen und außen, hinausgeht.
Der Torbau ist die Stelle der Begegnung schlechthin! Er ist der
interessanteste Ort im Dorf. Jeder, der das Ksar verläßt oder
es betritt, muß dieses Tor passieren. Häufig bieten tiefe Lehm-
bänke schattigen Platz zum Verweilen. Hier ist der Aufenthaltsort für die Armen des Dorfes. Vorüberziehenden wird im Obergeschoß des Torbaus, an der Schwelle zwischen innen und außen,
zwar geschützt, aber unter der Obhut des Torwächters, die Mög-
a 64   lichkeit zur Übernachtung gewährt. Der Eingangsbereich ist der
Aufenthaltsort der männlichen Bevölkerung in ihren Mußestunden.
Manchmal sind hier Räume für Handwerker, ein Versammlungsraum
für die Jemāa, das Leichenhaus, Stallungen, Lager, der Stall
des dorfeigenen Stieres und die Wohnung des Torwächters unter-
a 65   gebracht. Das Tor ist zur Oase hin oder innerhalb der Oase häufig nach Osten orientiert.

4.1.3.2. Erschließungssysteme

Die meisten Erschließungssysteme, aber nicht alle, bestehen aus
einem Netz rechtwinkelig zueinander verlaufender, zumeist ge-
radliniger Gassen. Es sind zwei grundsätzlich voneinander un-
z 29   terschiedene Systeme festzustellen: das Kammsystem wie beim
z 31   Ksar von Ouled Limane und das Ringsystem, das beim Ksar von
Boukhlal zu beobachten ist. Wie von der Hauptader beim Kammsystem, führen auch beim Ringsystem Sackgassen in die einzelnen
Quartiere. Häufig durchquert man einen Eingangshof, tangiert
einen Viehhof, bevor das eigentliche Eingangsgebäude erreicht
wird. Nach Durchschreiten dieser Zone wird ein weiterer Hof erreicht, von dem aus die Hauptgassen betreten werden. Oft sind
sie im Gegensatz zu den seitlichen Verästelungen nicht überbaut,
doch gibt es dafür keine Regel.

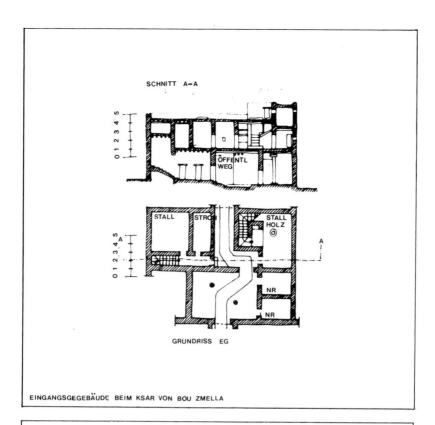

EINGANGSGEGEBÄUDE BEIM KSAR VON BOU ZMELLA

z 33

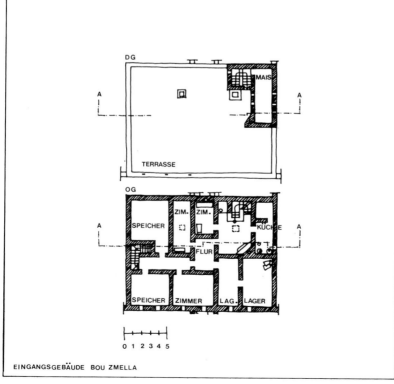

EINGANGSGEBÄUDE BOU ZMELLA

z 34

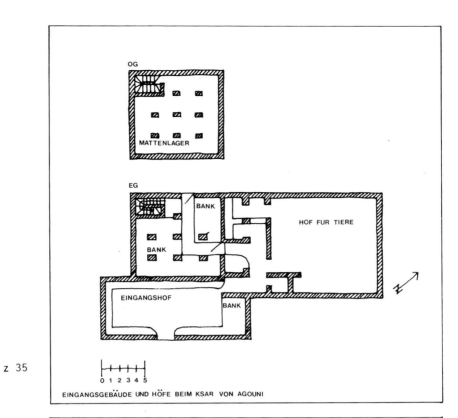

z 35

EINGANGSGEBÄUDE UND HÖFE BEIM KSAR VON AGOUNI

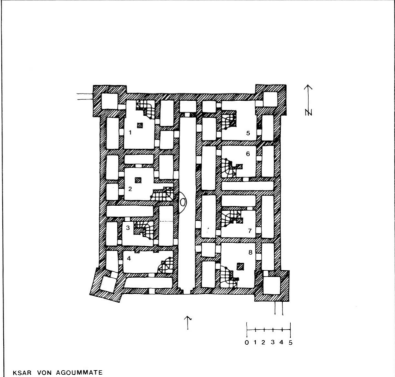

z 36

KSAR VON AGOUMMATE

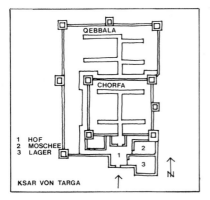 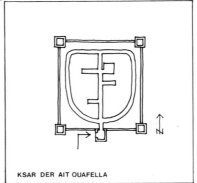

z 37

z 38

4.1.3.3. Gemeinschaftseinrichtungen

z 33-z 35

Neben den Verteidigungsanlagen, den Höfen und Gassen und dem Torbau mit seinen vielfältigen Funktionen, gibt es eine ganze Reihe weiterer gemeinsamer Einrichtungen innerhalb und außerhalb des Ksar, wie z.B. die Brunnen. Im Inneren der Ksour sind sie einzelnen Quartieren und damit bestimmten sozialen oder ethnischen Gruppen zugeordnet. Ihre Benutzung ist ausschließlich den Bewohnern des jeweiligen Quartiers vorbehalten. Der einzige gemeinsame Brunnen ist der der Moschee oder des benachbarten Hamam.

a 66

a 67   z 28

Das wie die Versammlung selbst Jemâa genannte Gemeinschaftshaus dient als Versammlungsraum für die Verantwortlichen des Dorfes, als Lagerplatz für gemeinsame Reserven und für die Lagerung des Zehnten. Es liegt fast immer am bestgeschützten Ort in der Mitte des Ksar. Moschee und Hamam liegen in den meisten Fällen direkt beim Eingang. Der Aufriß der Moschee unterscheidet sich in den meisten Fällen nicht vom Aufriß der Ksarhäuser. Das Vorhandensein eines Minaretts wie in Nesrat oder die Lage der Moschee in der Mitte des Ksar ist in der Regel ein Indiz für den arabischen Einfluß, unter dem diese Ksour stehen oder standen. Gerade in Nesrat fällt allerdings eine große Ähnlichkeit des Minaretts der Moschee mit den Minaretts der Moscheen der Mozabiten auf.

a 68

Außerhalb der Ksour, aber diesen zugeordnet, liegen die Friedhöfe, die familieneigenen Dreschplätze, das Abraumgebiet für den Lehm und vor allem die Oasen mit den Feldern und den ausgedehnten Palmenhainen.

Zuweilen ist die Behausung eines Marabout oder dessen Grabstätte außerhalb der Ksarmauern anzutreffen. Allen anderen Ksarbewohnern war es bis in die Gegenwart untersagt, außerhalb der Ksarmauern Gebäude zu errichten.

a 69

4.1.3.4. Quartierbildung

z 36

Es kommt vor, daß kleinere Ksour nur einer großen "Familie" mit mehreren Haushalten, einer ethnischen, religiösen Gruppe oder sozialen Gruppe als Behausung dienen.

a 70

Während ein Jude in manchen Gegenden sein Leben riskierte, wenn er versuchte, ein von Chorfa oder Mrabtin bewohntes Ksar zu betreten, lebten in anderen Gegenden verschiedene "Familien", ethnische, religiöse oder soziale Gruppen innerhalb der Mauern eines gemeinsamen Ksar zusammen. Innerhalb des Ksour lebten sie allerdings ebenfalls in getrennten Bereichen. Häufig war ein Ksar in zwei Teile geteilt, der eine von der arbeitenden Bevölkerung, der andere von den Landeignern bewohnt.

a 71

a 72

z 37

Im Ksar von Targa (Ait Izdeg) ist der zentrale Bereich von Chorfa bewohnt. Die Qebbala leben außerhalb der inneren Befestigungsanlagen in großer Dichte, weniger geschützt und mit weiteren Wegen zu den Feldern. Im Ksar der Ait Ouafella leben jüdische Einwohner entlang einer Straße, während die anderen Straßen von Moslems bewohnt werden. Die kleinste soziale Einheit innerhalb der Gruppen ist die "Familie" (im in Abschnitt 1.2.2.1 beschriebenen Sinn). Sie setzt sich aus drei, vier oder mehr Haushalten zusammen.

a 73   z 38

4.1.4. Das Ksarhaus

4.1.4.1. Allgemeines

Das Ksarhaus ist die Behausung eines von mehreren selbständigen Haushalten innerhalb einer "Familie". Es ist über Dachterrassen oder durch interne Verbindungen vielfältig mit den Ksarhäusern

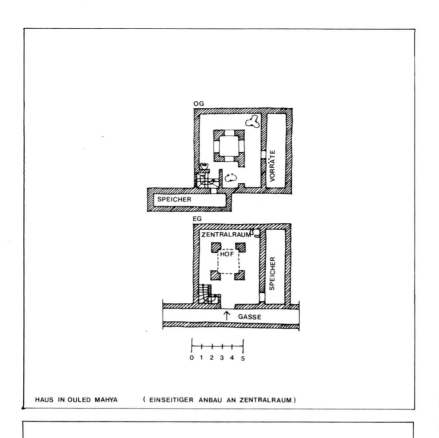

HAUS IN OULED MAHYA (EINSEITIGER ANBAU AN ZENTRALRAUM) z 39

HAUS A IN OULED LIMANE (ZWEISEITIGER ANBAU AN ZENTRALRAUM) z 40

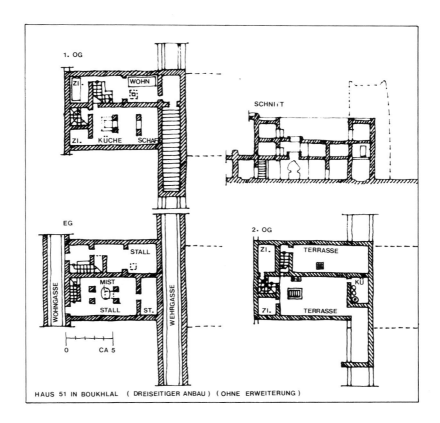

z 41

HAUS 51 IN BOUKHLAL (DREISEITIGER ANBAU) (OHNE ERWEITERUNG)

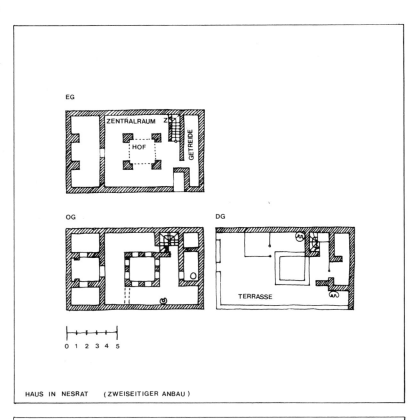

z 42

HAUS IN NESRAT (ZWEISEITIGER ANBAU)

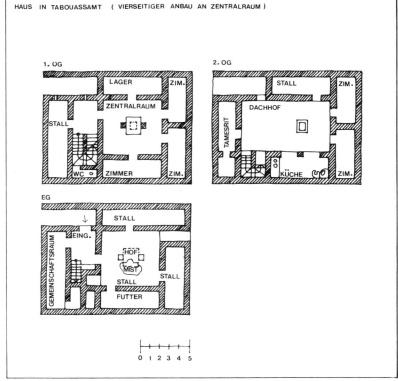

z 43

der verwandten Haushalte verbunden. Häufig liegen die Ksarhäuser einer Familie an einer Sackgasse, die der"Familie"als Kommunikationsraum dient und mit einem Tor zur Hauptgasse abgeschlossen werden kann. Die Ksarhäuser werden überwiegend von Nebengassen erschlossen. Die Parzellen sind unterschiedlich groß. Sie sind in der Regel vollständig überbaut.

z 31

Wie für das Ksar, ist auch für das Ksarhaus die Verteidigung die bestimmende Größe. Im Gegensatz zum Ksar ist es jedoch nicht die unmittelbare Wehrhaftigkeit, die den Typus des Ksarhauses prägt, sondern vielmehr die notwendige dichte und hohe Bebauung der Parzellen, die aus der Wehrhaftigkeit des Ksar als Ganzes folgt. Je kleiner die überbaute Fläche pro Einwohner gehalten werden konnte, desto kürzer konnte die Wehrmauer sein und desto größer waren die Chancen der Verteidigung. Dies führte zu einer Höhenentwicklung der Ksarhäuser bis zu vier Geschossen. Auch die Überbauung der Gassen, die durch den Ältestenrat genehmigt werden mußte, ist eine Antwort auf die Forderung nach möglichst geringer Ausdehnung der Wehrmauern.

Mit Ausnahme des Erdgeschosses, bei dem eine Seite zur Gasse hin nicht eingebaut ist, sind alle anderen Außenwände zugleich Trennwände zum nächsten Ksarhaus. Das Ksarhaus ist völlig eingebaut. Es gewinnt durch eine differenzierte Höhenentwicklung und zuweilen durch die Hanglage eines Ksar Ausblickmöglichkeiten über die Dächer der benachbarten Ksarhäuser hinweg.

a 74

Das Ksarhaus wurde ursprünglich zusammen mit dem ganzen Ksar als Teil einer gemeinsamen Gründung errichtet. Während die einzelnen Parzellen und die Ksarhäuser von den Hausbesitzern als Eigentum beansprucht werden, sind die Gassen, die öffentlichen Höfe und alle Gemeinschaftseinrichtungen Eigentum des ganzen Ksar.

a 75

Für den Bau eines Ksarhauses durchschnittlicher Größe war eine Bauzeit von drei Monaten ausreichend.

4.1.4.2. Funktionale Gliederung

z 39-z 43

Das räumliche Gefüge des Ksarhauses wird vor allem durch den Zentralraum mit dem zumeist kleinen Innenhof bestimmt. Dieser Zentralraum ist an einer Seite, an zwei, drei oder an allen vier Seiten von Räumen geringer Tiefe umschlossen. Alle Räume sind zum Zentralraum orientiert. Sie werden von hier betreten, belichtet und belüftet. Nur die am höchsten gelegenen Räume des Hauses und die Räume über den Gassen sind nach außen orientiert.

Von der Gasse wird das Ksarhaus durch eine Tür erschlossen, die breit genug ist, um einen beladenen Esel passieren zu lassen. Meistens wird ein Vorraum betreten, von dem aus nach rechts oder links die Treppe zu den Obergeschossen erreicht wird. Zuweilen muß der Zentralraum durchquert werden, um zur Treppe zu gelangen. Seltener liegt die Treppe im Zentralraum selbst. Der Zentralraum dient im EG als Stall, als Lagerfläche oder als Verkehrsfläche zu den umgebenden Stallungen und Lagern. Der von vier, bei größeren Häusern von acht Säulen umstandene Innenhof, häufig an zwei oder drei Seiten von einer niederen Mauer umgeben, dient im EG als Dungstätte, als Zwischenlagerung von Küchenabfällen, menschlichen und tierischen Exkrementen, bevor sie mit dem Esel zu den Feldern transportiert werden. Der eigentliche Wohnbereich liegt meistens in den Obergeschossen.

a 76

Von einer Ausnahme berichtet Laoust. Nach ihm leben zwar in Targa die Imazighen in den Obergeschossen, die Qebbala aber zwischen Ziegen, Eseln und Schafen im Erdgeschoß.

Die meisten geschlossenen Räume, Terrassen und Höfe werden wahlweise als Lagerflächen oder Wohnräume genutzt. Im Gegensatz dazu dienen die Räume über den Gassen ausschließlich der Lagerung und Trocknung von Datteln. Der am höchsten gelegene Raum des Hauses wird in der Regel als Tamesrit benutzt. Er ist häufig mit Ornamenten versehen, hat den besten Ausblick und wird direkt vom Treppenraum erschlossen. Er dient auch manchmal als Wohnraum des ältesten unverheirateten Sohnes.

In vielen Ksarhäusern sind zwei Kochstellen anzutreffen. Eine davon liegt im Dachhof, häufig von einem Geflecht aus Bambus und Halfagras überspannt. Die andere ist eine fest eingebaute Küche im Obergeschoß. Ab und zu sind Toiletten unter der Treppe nahe der Küche oder beim Eingangsraum angeordnet.

a 77

Die Ksarhäuser sind wie die Tigermatin nie unterkellert.

4.1.4.3. Flexibilität und Anpassungsfähigkeit

Die Temperaturschwankungen zwischen Tag und Nacht, zwischen Sommer und Winter, führen zu einer dem Klima angepaßten Nutzung der Innenräume, Dachterrassen und Dachhöfe. Im Sommer dienen die luftigen Dachterrassen als kühler Aufenthaltsort für die Nachtstunden, während der Tag in den schattigen, halbdunklen Räumen der darunterliegenden Geschosse verbracht wird. Im Winter werden die wärmenden Strahlen der Sonne während der Tagesstunden auf den Dachterrassen oder in den Dachhöfen ausgenutzt. Die Nachtstunden werden in den windgeschützten Räumen unter den Terrassen und Höfen verbracht.

Die klimatisch bedingte, zeitlich unterschiedene Nutzung führt zur Flexibilität in der Art der Nutzung mancher Räume, die zeitweise als Lager- oder als Wohnräume dienen.

Der Typus des Ksarhauses ist auf die warme Jahreszeit ausgerichtet. Größerer Kälte hat er nur wenig entgegenzusetzen. Im Verband mit anderen Ksarhäusern paßt er sich veränderten familiären Bedingungen problemlos an.

4.1.4.4. Erweiterungsmöglichkeiten

Die Anlage des Ksarhauses hat unverkennbar evolutiven Charakter. Es war sicherlich während des Baus eines Ksar in den meisten Fällen weder möglich noch notwendig, das Ksarhaus gleich voll auszubauen. Die Endausbaustufe wurde zumeist erst nach einigen Generationen erreicht. Die engen Parzellen ließen allerdings fast nur eine Vergrößerung der Wohnfläche in der Vertikalen zu, wenn man von geringen Möglichkeiten im Erdgeschoß und der Möglichkeit der Überbauung der Gassen in den Obergeschossen absieht. Eine Erweiterung über die Grenzen der Parzelle oder gar über die Grenzen des Ksar hinaus war nicht möglich.

a 78

Am Beispiel der Wohneinheiten für die Erneuerung von Ain Chouater hat Jean Hensens beispielhaft die Möglichkeiten einer allmählichen Erweiterung neuer Ksarhaustypen dargestellt (siehe Kapitel 7). Man darf annehmen, daß die Erweiterung traditioneller Ksarhäuser ähnlich vor sich ging. Besonders im Verband mit anderen Ksarhäusern ist die Anpassungsfähigkeit des Ksarhauses an veränderte Bedingungen hervorzuheben.

4.2. Der Tighremt

4.2.1. Hoftyp

4.2.1.1. Allgemeines

Hoftypen und geschlossene Typen verfügen über vier Ecktürme, die den Tigermatin ihren wehrhaften Charakter verleihen. Es ist aber

festzuhalten, daß es sich eher um die Demonstration sozialer
oder wirtschaftlicher Macht als um tatsächliche Verteidigungsanlagen handelt.

Der Tighremt, häufig ohne eigenen Brunnen, ist nicht im gleichen Maße verteidigungsbereit wie das Ksar, auch wenn er, sicherlich beabsichtigt, auf den ersten Blick so wirkt.

Äußerlich unterscheiden sich die Hoftypen und geschlossenen
Typen kaum voneinander. Die Art ihrer Nutzung, die Raumdispo-
sition, Grundrisse und Schnitte unterscheiden sie aber trotz
ähnlicher Umrißlinien deutlich voneinander.

Wie das Ksarhaus, ist der Hoftyp ursprünglich die Behausung eines Haushaltes, häufig des dominierenden Haushaltes einer "Familie". Weitere Haushalte der gleichen "Familie" werden später
in niederen Anbauten oder zuweilen in einem direkt benachbarten
Tighremt untergebracht.

z 44, z 45 Wie das Ksarhaus, verfügt der Hoftyp über einen Zentralraum mit
einem von Pfeilern umstandenen Innenhof. Im Gegensatz zu vielen
Ksarhäusern ist dieser Zentralraum jedoch fast immer an allen
vier Seiten von Räumen geringer Tiefe umbaut. Beispiele wie der
z 50 Tighremt der Ait bel el Hosséine in Skoura oder der Tighremt
z 51 der Ait Bou Said bei den Imerhrane sind Ausnahmen. Allen Tigermatin gemeinsam ist die Anordnung von Türmen an den Ecken,
über die die Ksarhäuser nicht verfügen. Obwohl die meisten Hoftypen wie die geschlossenen Typen freistehen, sind die äußeren
Räume zum Zentralraum, also nach innen orientiert, wie bei den
an allen Seiten eingebauten Ksarhäusern. Trotz kleiner Fenster
der außenliegenden Räume zur Landschaft hin verkörpert der Hoftyp eine introvertierte Wohnform. Ihre Befreiung aus dem Ksar
spiegelt sich in der freien Stellung, in der Anordnung der Türme, im reichen Ornament und in der Befensterung der Außenräume
wider , nicht aber im Grundriß. Der Hoftyp demonstriert die Befreiung des Ksarhauses aus dem Ksar, ohne seine Herkunft ver-
leugnen zu können.

4.2.1.2. Funktionale Gliederung

Der Grundriß des offenen Tighremt ist in drei konzentrische Zonen gegliedert. In der Mitte des Zentralraumes liegt ein kleiner, durchgehender Hof, die innere Zone. Um den Zentralraum
herum liegen an allen vier Seiten schmale Räume, die äußere
Zone. Der Zentralraum selbst bildet mit dem Bereich zwischen
Hof und Außenräumen die mittlere Zone.

Die äußere Zone wird durch die Ecktürme erweitert. In der Vertikalen sind bis fünf, manchmal sechs Geschosse zu beobachten.
Je höher man steigt, desto mehr öffnet sich das Gebäude nach
oben. Im Erdgeschoß ist nur der Hof, die innere Zone, nach oben
geöffnet. Weiter oben öffnet sich der Zentralraum, ganz oben
bilden die vier Türme und die Außenmauern zwar noch eine seitliche Begrenzung, eine obere Begrenzung aber fehlt völlig.

Durch eine Tür im Erdgeschoß wird das Gebäude betreten. Zumeist
liegt diese Tür an einer der Zwischenfassaden. Seltener wird
der Tighremt durch einen der Türme betreten. Zunächst erreicht
man einen Vorraum in der äußeren Zone, aus dem zuweilen eine
Treppe in die Obergeschosse führt. Es kommt aber ebenso vor,
daß die Treppe im Zentralraum selbst liegt. Die Lage der Treppe
im Vorraum deutet darauf hin, daß hier auch früher das Erdge-
a 79 schoß als Stallung benutzt wurde. Die Lage der Treppe im Zent-
a 80 ralraum weist diesen zumindest ursprünglich als Tamesrit aus.

Heute ist diese Form der Nutzung weitgehend aufgegeben worden.
Der Zentralraum ist fast überall eine Domäne der Hühner, Schafe
und Ziegen. Oft wird hier, wie bei den Ksarhäusern, der Dung un-

47

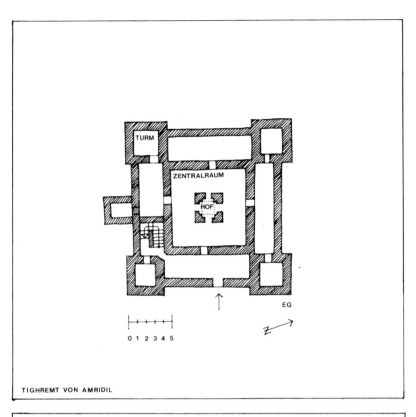

TIGHREMT VON AMRIDIL   z 44

z 45

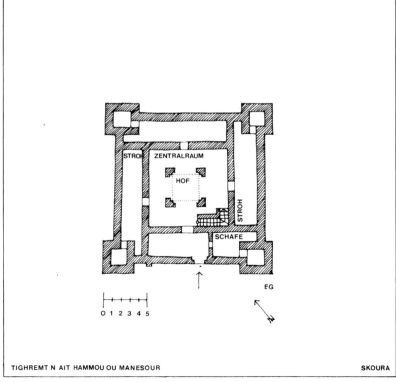

TIGHREMT N AIT HAMMOU OU MANESOUR   SKOURA

a 81, z 46, z 47	tergebracht. Nur die reiche Verzierung der Innenhöfe weist noch auf ihren ursprünglichen Zweck hin.
z 52	Beim Tighremt der Ait Ougrour ist der alte Tamesrit in einem der äußeren Räume im 1. Obergeschoß untergebracht. Der neue Tamesrit liegt in einem niederen Gebäude neben dem Tighremt. In Amridil liegt er am Rande eines von Arkaden umgebenen Hofes, völlig vom Tighremt gelöst, in einer Form, die der in den Medinahäusern marokkanischer Städte entspricht. Häufig wurde der Empfangsraum im Zentralraum durch einen Tamesrit auf der ersten Etage eines großen und geräumigen Turmes der äußeren Umwallung
a 82	ersetzt. Der Auszug des Empfangsraumes aus dem Zentralraum, um die Jahrhundertwende begonnen, wurde zwischen 1920 und 1930 zumindest in den Häusern der angesehenen Familien fast abgeschlossen. Sie hatten nicht nur den Wunsch, den Stil von Marrakech, den die Glaua eingeführt hatten, zu imitieren, sondern auch die
a 83	Mittel zu bauen.

Die oberen Geschosse der Hoftypen dienen dem Wohnen der Familie und der Lagerung von Erntegut, seltener auch der Unterbringung von Schafen und Ziegen. Wie beim Ksarhaus, werden auch beim offenen Tighremt die Obergeschosse in Abhängigkeit von Jahres- und Tageszeit unterschiedlich genutzt. Ein wesentlicher Lebensraum ist der Dachhof.

z 53-z 57	Am Beispiel des Tighremt der Ait Mouro in Skoura nahe Ksar und Tighremt von Amridil hat die "Kasba 64 Study Group" die Nutzung
a 84	eines Hoftyps dargestellt. Die Heuraufen im Zentralraum des Erdgeschosses geben dort zumindest die zeitweise Nutzung als Stall zu erkennen, auch wenn das Ornament beim Innenhof auf die ursprüngliche Nutzung als Tamesrit hindeutet. Die anderen Räume des Erdgeschosses dienen als Lager. Im ersten Obergeschoß sind in den Außenräumen Stroh-, Mais- und Getreidelager neben Wohn- und Schlafräumen untergebracht. Im Zentralraum befindet sich eine Kochstelle. Im zweiten Obergeschoß liegt der zentrale Dachhof, ein Schafstall, eine Küche mit Tongefäßen zum Backen von Brot und zum Speichern von Lebensmitteln und einige Mehrzweckräume. Die Treppe führt bis auf das Dach der Außenräume, von dem aus die vier oberen Turmräume zu erreichen sind. Drei dieser Turmräume des dritten Obergeschosses werden als Schlafräume genutzt, einer als Lager für Datteln. Das reiche Ornament an der inneren Fassade der Außenräume zum Dachhof hin weist diesen Hofraum als einen der wesentlichen Räume des Tighremt aus. Die
a 85	Dachhöfe der Tigermatin der Hamed n Ait Sous und der Hammou ou Manesour in Skoura waren ähnlich ausgestattet und ebenfalls als Wohnräume benutzt.
z 48 z 49-z 51	Die oben beschriebenen Tigermatin sind Idealtypen des offenen Tighremt, nicht alle Hoftypen sind so streng gegliedert wie diese.

Wie das Ksarhaus, ist auch der offene Tighremt ein Gebäude, das großer Hitze leichter begegnen kann als großer Kälte. Der Hoftyp ist das "Einfamilienhaus" der südlichen Oasen. Er ist keine Bauform des kühleren Gebirges.

4.2.1.3. Anbauten und Höfe

Nach einer ersten Phase des Artikulierens der Individualität einzelner Familien mit den ersten Tigermatin, einer zweiten Phase des Lösens des Tighremt aus dem Ksar, folgt eine dritte, bei der die freistehenden Tigermatin von einer Reihe von An-

a 86   bauten, Höfen und Mauern umgeben werden. Diese Anbauten und Höfe sind Behausungen von nachgeordneten Mitgliedern der Familie, sind Stallungen, Lagerräume, Empfangsräume, zuweilen auch Gärten und Dreschplätze. Ihre allmähliche, dem jeweiligen Bedarf angepaßte Entstehung läßt häufig keine planvolle Entwicklung zu.

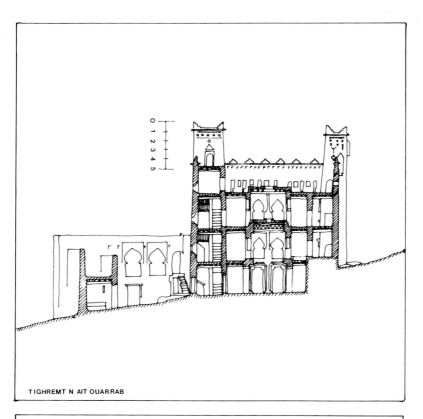

TIGHREMT N AIT OUARRAB

z 46

z 47

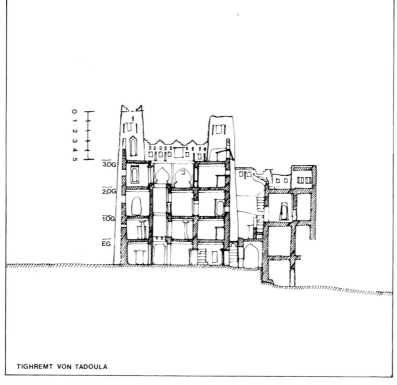

TIGHREMT VON TADOULA

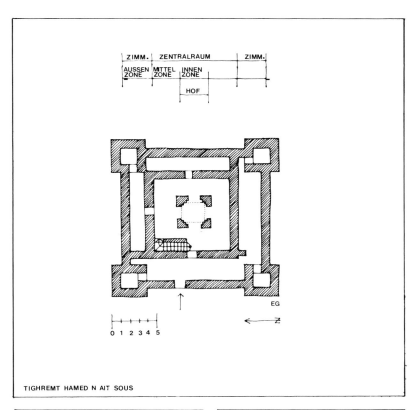

z 48

TIGHREMT HAMED N AIT SOUS

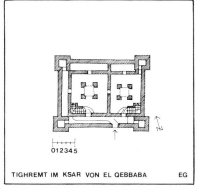

z 49

TIGHREMT IM KSAR VON EL QEBBABA EG

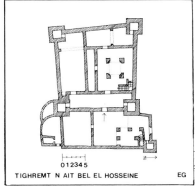

z 50

TIGHREMT N AIT BEL EL HOSSEINE EG

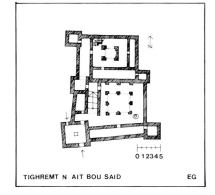

z 51

TIGHREMT N AIT BOU SAID EG

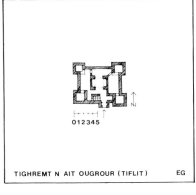

z 52

TIGHREMT N AIT OUGROUR (TIFLIT) EG

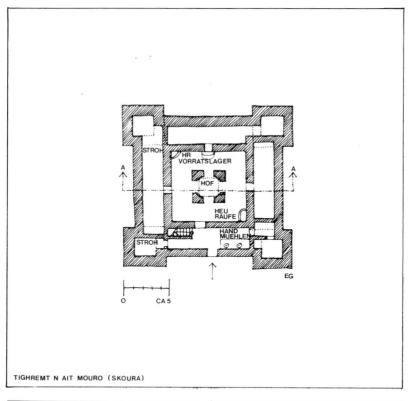

TIGHREMT N AIT MOURO (SKOURA)

z 53

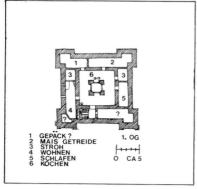

1 GEPÄCK ?
2 MAIS GETREIDE
3 STROH
4 WOHNEN
5 SCHLAFEN
6 KOCHEN

1. OG

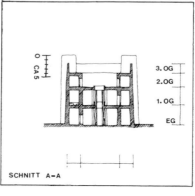

SCHNITT A-A

z 54

z 55

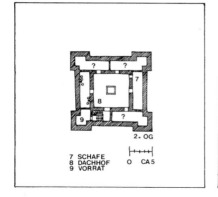

7 SCHAFE
8 DACHHOF
9 VORRAT

2. OG

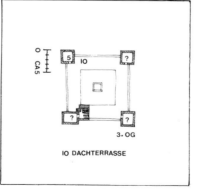

10 DACHTERRASSE

3. OG

z 56

z 57

Grund- und Aufriß sind, von Ausnahmen abgesehen, wenig geordnet und frei entwickelt. Der vorbestimmten Gründung des begrenzten Tighremt folgte die freie Anpassung an die Erfordernisse des Tages. Zwei grundsätzlich unterschiedliche Verhaltensmuster begegnen sich. Diese Anbauten zeigen die völlige Loslösung des Tighremt vom Ksar.

z 58-z 61

4.2.1.4. Flexibilität und Anpassungsfähigkeit

Die Obergeschosse der Hoftypen sind ebenso flexibel zu nutzen wie die der Ksarhäuser. Die Dachterrassen und vor allem die Dachhöfe sind wesentliche Bestandteile des Raumangebotes im Hoftyp. Sie vergrößern die Zahl der verfügbaren Räume und ermöglichen eine klimabezogene, flexible Nutzung. Der Hoftyp bietet einen großzügigen Lebensraum für einen Haushalt. Die Räume fließen ineinander. Schwierig ist dagegen eine haushaltsbezogene Gliederung, die Möglichkeit individuellen Lebens von mehr als einem Haushalt im Hoftyp.

Die Entwicklung des Tighremt ist als eine Individualisierung, als das Loslösen der "Familie" aus der Gemeinschaft des Ksar zu verstehen. Eine Individualisierung des einzelnen Haushaltes, das Loslösen oder die teilweise Verselbständigung aus der Gemeinschaft der Familie läßt der Hoftyp mit dem Zentralraum, zu dem alle Räume orientiert sind, und von dem alle Räume erschlossen sind, nicht zu.

Die zahlreichen Anbauten sind ein weiterführender Schritt dieses mit fortschreitender Individualisierung stärker werdenden Prozesses des Lösens der einzelnen Haushalte oder der Kleinfamilien aus dem Verband der "Familie". Die Entwicklung des letzten Jahrzehnts mit der Entstehung zahlloser kleiner und kleinster Wohneinheiten bestätigt diese Hypothese. Der Hoftyp ist durch die freie Stellung weniger anpassungsfähig als das Ksarhaus, bei dem das Zuschalten eines Raumes des Nachbarhauses möglich und ein Verbund mit dem Nachbarhaus sogar der Regelfall ist. Eine Anpassung an veränderte Bedingungen innerhalb des Tighremt ist nur durch das Anfügen von ergänzenden Bauten möglich.

4.2.2. Der geschlossene Typ

4.2.2.1. Allgemeines

z 62-z 67

Der geschlossene Typ ist die Behausung mehrerer Haushalte zumeist einer Familie innerhalb der gemeinsamen Umhüllung eines Tighremt. Der geschlossene Typ ist extravertiert. Das Grundrißbild gleicht dem eines Mikroksar. Die Übergänge vom Ksar zum Tighremt sind fließend. Die einzelnen Räume sind nach außen orientiert. Ein Innenhof fehlt. Die meisten geschlossenen Tigermatin verfügen über einen Mittelflur. Aus dem Erdgeschoß führen eine Treppe oder mehrere Treppen in die Obergeschosse.

z 14

z 13

Während der Hoftyp als die Ausweitung und Verselbständigung eines einzelnen Ksarhauses mit der Adaption der vier Ecktürme vom Ksar zu verstehen ist, ist der geschlossene Typ als die Minimierung eines Ksar auf die Bedürfnisse einer Familie mit wenigen Haushalten bei gleichzeitigem Verzicht auf die Innenhöfe zu interpretieren. Der geschlossene Typ ist das "Mehrfamilienhaus" des Atlasgebirges.

4.2.2.2. Funktionale Gliederung

Ausschließlicher als beim Hoftyp dient das Erdgeschoß der Lagerung von Erntegut, von Gerät und der Unterbringung von Nutztieren. Wie beim Hoftyp, hat das Erdgeschoß keine Fenster. Einzige

53

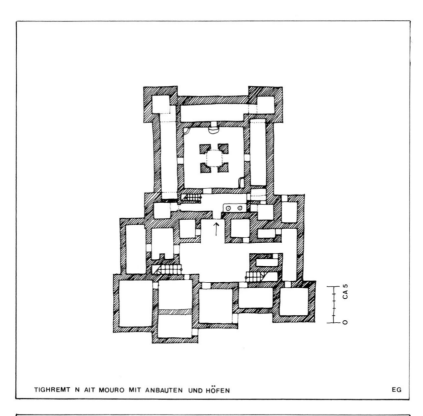

TIGHREMT N AIT MOURO MIT ANBAUTEN UND HÖFEN   EG

z 58

z 59

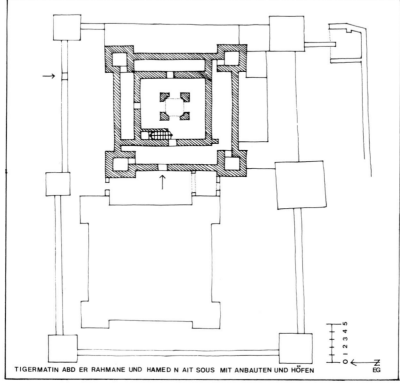

TIGERMATIN ABD ER RAHMANE UND HAMED N AIT SOUS MIT ANBAUTEN UND HÖFEN

z 60

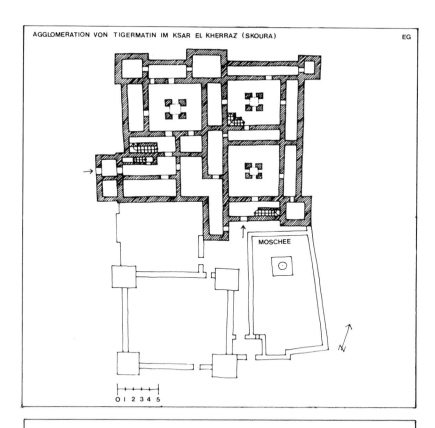

z 61

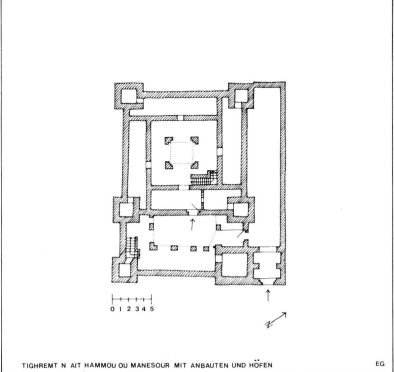

55

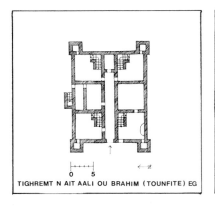

TIGHREMT N AIT AALI OU BRAHIM (TOUNFITE) EG

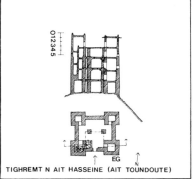

TIGHREMT N AIT HASSEINE (AIT TOUNDOUTE)

z 62
z 63

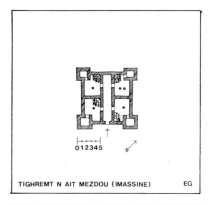

TIGHREMT N AIT MEZDOU (IMASSINE)   EG

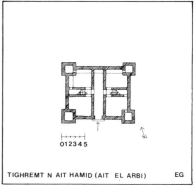

TIGHREMT N AIT HAMID (AIT EL ARBI)   EG

z 64
z 65

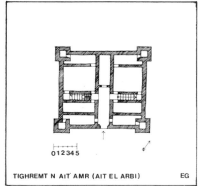

TIGHREMT N AIT AMR (AIT EL ARBI)   EG

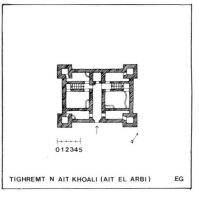

TIGHREMT N AIT KHOALI (AIT EL ARBI)   EG

z 66
z 67

Lichtquelle und zugleich Zugang zum Tighremt ist die Eingangstür im geöffneten Zustand. Die oberen Geschosse werden beim Hoftyp wahlweise als Lager- und Wohnräume benutzt. Das Dach ist in Einzelhöfe entsprechend der Zahl der Haushalte untergliedert. Von einem der Dachhöfe ist bei einigen Tigermatin der Tamesrit zu erreichen. Im Gegensatz zum Hoftyp liegt er hier auf dem Dach des Hauses wie bei den Ksarhäusern.

z 2 Ein sehr schönes Beispiel eines geschlossenen Typs ist der Tighremt der Ait Hamid in Ait el Arbi am Oberlauf des Dadès, der bereits 1973 nicht mehr bewohnt war. Durch die Eingangstür an der
z 68 Südfassade wird das Erdgeschoß über einen langgestreckten Eingangsraum erschlossen. Etwa in der Mitte dieses Raumes zweigen rechtwinklig nach beiden Seiten Treppen ab, von deren unteren Podesten die vier Stallräume des Erdgeschosses zugänglich sind. Vom oberen Podest dieser sehr steilen Treppen werden die vier
z 69 hohen Wohnräume des ersten Obergeschosses mit den Nebenräumen erreicht. In zwei der vier Wohnräume waren noch 1977 Feuerstellen erkennbar. Die Nebenräume über dem Eingangsraum und die Turmräume dienten ursprünglich wahlweise als Schlaf- oder La-
z 70 gerräume. Die beiden niederen Räume des zweiten Obergeschosses werden mit Hilfe von Leitern über die Galerien im nordwestlichen und südöstlichen Wohnraum erreicht. Dies gilt auch für zwei der Turmräume.

z 71 Auf dem Dach des zweiten Obergeschosses, im dritten Obergeschoß, liegen in der östlichen Hälfte eine große, nach außen abgeschirmte Dachterrasse, zwei abgemauerte, oben offene Räume und zwei Turmräume, die der Lagerung von Feldfrüchten dienten. Im nordwestlichen Geviert wird ein halbüberdeckter Raum erreicht, von dem aus ein Turmraum, ein Raum über dem Eingangsbereich und ein kleiner Nebenraum über der Treppe erschlossen werden. Im südwestlichen Geviert liegt ein großer, ganz überdeckter Raum, von dem aus der südwestliche Turmraum erschlossen wird. Eine schmale Treppe führt entlang der Westfassade ins nordwestliche
z 73 Geviert des vierten Obergeschosses. Hier liegt ein teilweise überdachter Raum, von dem aus der Tamesrit und der südwestliche Turmraum zu erreichen ist. Das nordwestliche Geviert ist über einen Kletterbaum vom dritten Obergeschoß aus zu erreichen. Nur
z 74 über einen Kletterbaum ist auch die Dachterrasse über dem vierten Obergeschoß, in der Nordwestecke, erschlossen.

z 72 Ein Querschnitt durch den Tighremt zeigt die unterschiedliche Höhenentwicklung der Gevierte, die große Raumhöhe der Wohnräume im ersten Obergeschoß, das Einschieben der Galerie im nordöstlichen Wohnraum, das Zwischengeschoß über dem Eingangsraum und die steilen Treppen. Die Tigermatin der Ait Amr und der Ait Khoali folgen im wesentlichen dem Erschließungskonzept, das beim Tighremt der Ait Hamid angewandt wurde. Die Treppen liegen jedoch südlich bzw. nördlich der Ost-West-Achse und gliedern den Tighremt in ungleiche Teile. Beide Tigermatin sind niederer als der Tighremt der Ait Hamid. Bei Ait Khoali befindet sich wie bei Ait Hamid auf der obersten Ebene ein Tamesrit.

Beide Eingangsräume werden vom Süden erschlossen. Sie sind nicht bis zur Nordwand durchgeführt. Der hintere Teil ist in beiden Fällen abgemauert, als Lagerraum genutzt und über eine schmale Tür zum Eingangsraum zugänglich.

Sowohl der Tighremt der Ait Amr als auch der Tighremt der Ait Khoali waren 1977 zum Teil noch bewohnt. Wie beim Tighremt der
z 68
a 87 Ait Hamid, hat jedes der Gevierte einen anderen Eigentümer der gleichen Familie.

4.2.2.3. Anbauten und Höfe

Wie die Hoftypen, sind auch die Mehrzahl der geschlossenen Ti-

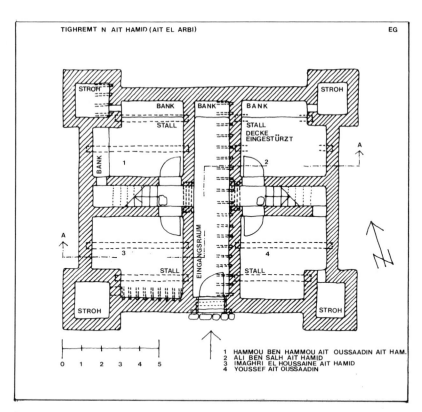

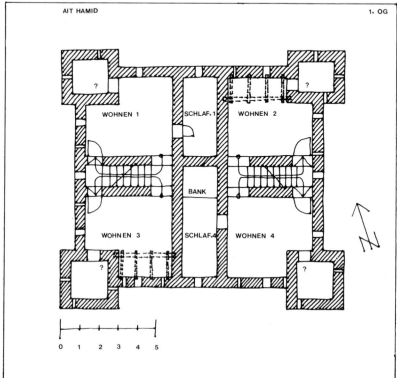

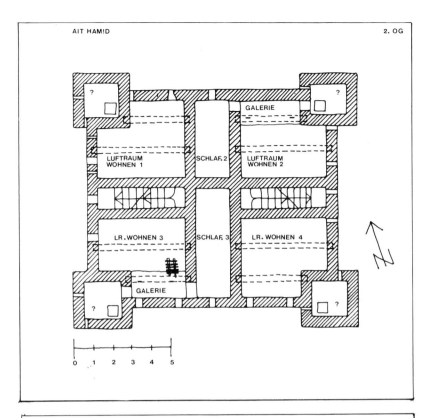

z 70

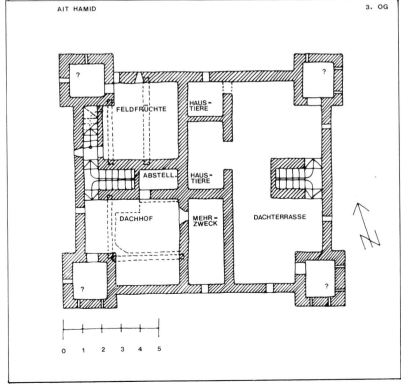

z 71

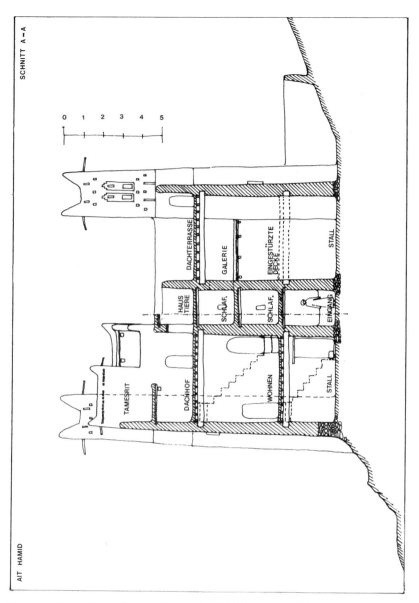

z 72

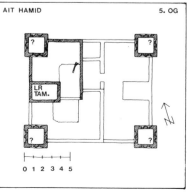

z 73

z 74

germatin von niederen Anbauten und Höfen umgeben. Dies gilt
z 75   beim verhältnismäßig kleinen Tighremt n Ait Hassêine ebenso
z 76   wie beim relativ großen Tighremt der Ait Amr oder dem der Ait
Khoali. Es gibt eine ganze Reihe von Tigermatin, die nicht über
solche Anbauten verfügen. Der einzige hier vorgestellte Tighremt, bei dem dies zutrifft, ist der der Ait Hamid. Dies gilt
allerdings nur bis 1974. 1975 haben die Bewohner Ait el Arbis
eine einfache Moschee errichtet, die sich an die Westfassade
des Tighremt anlehnt. Sie ist aber nicht ursprünglicher Teil
der Behausung der Ait Hamid.

Während bei vielen Anbauten, vor allem beim Tighremt der Ait
Sous, aber auch bei anderen, ein gewisses Maß an Ordnung festzustellen ist, folgen die Anbauten der geschlossenen Typen
a 88   weitgehend den jeweiligen Bedürfnissen und Gegebenheiten.

4.2.2.4. Flexibilität und Anpassungsfähigkeit

Der geschlossene Typ steht wie der Hoftyp frei. Er ist klar begrenzt. Eine klimabezogene flexible Nutzung ist in geringerem
Umfang als beim Hoftyp möglich.

Der geschlossene Typ bietet mehreren Haushalten Platz. Die einzelnen Wohneinheiten sind in Verbindung mit den benachbarten
Haushalten um einzelne Räume erweiterbar. Der Lebensraum innerhalb des jeweiligen Haushaltes ist enger und weniger
großzügig als der im Hoftyp. Einzelne Räume sind klar voneinander abgegrenzt. Auch bei einem zunehmenden Maß an Individualität der einzelnen Haushalte entstehen wenig störende Überschneidungen.

5. Konstruktion

5.1. Baustoffe und ihre Eigenschaften

5.1.1. Lehm

Kein Material bestimmt die Architektur Südmarokkos mehr als an
der Baustelle vorgefundene Erde, bindiges Material, Lehm. Der
Lehm ist stark mit Sand gemagerter Ton ($Al_2O_2 \cdot 2SiO_2$) mit Be-
a 89   standteilen aus Eisenhydroxid oder Kalk. Die Materialeinheit
von Gebautem und Natur ist sehr ausgeprägt. Die Oberfläche ungeputzter Wände und Decken ist rauh. Die Eigenschaft des Materials, Wärme und Feuchtigkeit aufzunehmen und wieder abgeben
zu können, die relativ hohe Druckfestigkeit, sind wesentliche
Vorteile; die geringe Abriebfestigkeit und die Wasserlöslichkeit
sind wesentliche Nachteile des Materials. Der Lehm- mehr oder
weniger große Steine einschließend - wird zumeist mit Strohhäksel vermischt. Dies soll Schwundrisse beim Trocknungsvorgang verhindern. Das Stroh hat die Zugbeanspruchung des Materials zu
übernehmen. Größere Steineinschlüsse erhöhen die Druckfestigkeit, reduzieren aber die Formbarkeit des Materials und bieten
der Witterung größere Angriffsflächen. Lehmarten mit mehr Tonteilen sind besser formbar, einfacher zu verarbeiten, dünner
aufzutragen und haben eine glatte Oberfläche. Sie sind weniger
belastbar und werden vorzugsweise für Putz- und Estricharbeiten
verwendet. Die Dichte von Leichtlehm mit Stroh liegt zwischen
a 90   900 und 1100 kg/m³, die Wärmeleitfähigkeit zwischen 0,35 und
0.38 kcal/h m°C. Massive Lehmwände und Decken folgen Temperaturschwankungen mit erheblicher Verzögerung. Die Oberflächentemperatur, die relative Weichheit und die infolge der geringen
Abriebfestigkeit nach kurzer Zeit abgerundeten Kanten sprechen
den Tastsinn auf angenehme Weise an. Gerade die geringe Abrieb-

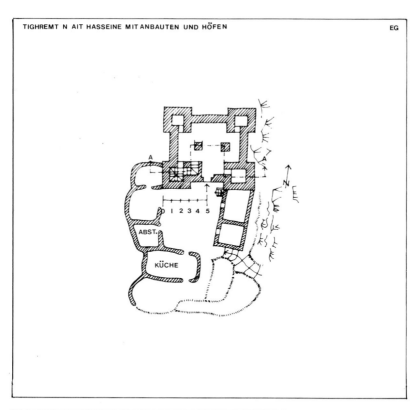

z 75

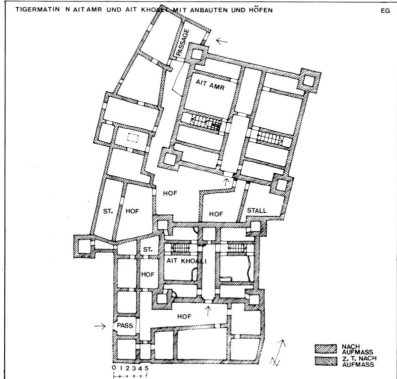

z 76

festigkeit und die Wasserlöslichkeit des Materials führen aber
auf der anderen Seite zu Nachteilen, die alle Konstruktionen
aus Lehm begleiten. Der ständig neu entstehende Staub wird vor
allem vom Wind, aber auch bei der Bewegung von Mensch und Tier
hochgewirbelt und legt sich auf Gegenstände und Lebewesen. Er-
krankungen der Atemwege, der Lunge, aber auch der Augen sind
die Folge.

Länger anhaltende Niederschläge sind selten. Ein mehrstündiger
oder gar Tage andauernder Regen hat katastrophale Folgen. Zer-
störte oder altersschwache Konstruktionen verschmelzen allmählich wieder mit der Erde, bis kaum noch festzustellen ist, ob
es sich um die Reste eines Gebäudes, vielleicht nur um einen
kleinen Hügel, eine Bodenwelle oder ein der Erosion standhalten-
a 91   des härteres Gestein handelt.

z 77   Die Vergänglichkeit von Lehmbauten entspricht der Vorstellung
der Berber über das Vergängliche aller menschlichen Existenz.
a 92   Helmut Hoffmann-Buchardi schreibt dazu: "Besser als wir Europäer, wissen die Afrikaner um das Ephemere aller menschlichen Ta-
ten und Werke; man baut nicht für die Ewigkeit".

Lehm ist der Hauptbestandteil der Wände und Decken. Auch als
Putz, als Bodenbelag, als Estrich wird Lehm verwendet. Bambusstäbe der Deckenkonstruktion werden mit seiner Hilfe in ihrer
a 93   Lage fixiert. Die zahlreichen Hohlräume in Wänden und Decken
und das relativ ausgeglichene Klima in Lehmkonstruktionen be-
günstigen das Leben von Tausenden von kleinen und kleinsten Insekten.

5.1.2. Holz

Die Flußoasen im Süden von Marokko verfügen über Palmholz. Bäume werden geschlagen und mit Beil, Keil und Säge zu Bau- oder
a 94   Brennholz hergerichtet. Für größere Spannweiten werden ganze
Stämme verwendet. Für kleinere Spannweiten werden die Stämme
geviertelt. Palmholz ist ein relativ weiches und elastisches
Holz. Räume über 3 m Breite können wegen der Elastizität und
der daraus resultierenden starken Durchbiegung nicht ohne Unter-
stützung überspannt werden.

In den höheren Lagen der Gebirgstäler des Atlas wird das härtere Holz von Laubbäumen, wie dem Nußbaum, der Pappel, dem Sil-
a 95   berahorn, der Birke und dem Mandelbaum als Bauholz verwendet.
Die größere Biegesteifigkeit dieser Hölzer erlaubt Spannweiten
bis zu 5 m bei entsprechenden Querschnitten.

5.1.3. Bambus

Bambus ist auf der Höhe Ait el Arbis ebenso wie in den Niede-
rungen der südlichen Flußoasen zu finden. Entlang der Flüsse, Kanäle und Kanälchen, am Rande der Felder und Gärten, wächst Bambus. Bambusstäbe können mehrere Meter hoch werden, Durchmesser
a 96   bis zu sechs Zentimeter sind möglich. Die jüngere, noch elasti-
sche Pflanze wird häufig für das Flechtwerk der Sommerhütten
verwendet.

Die Oberfläche des Bambus ist glatt. Die Regelmäßigkeit seines
Wuchses läßt zu, daß Bambus beinahe fugenlos nebeneinander verlegt werden kann. Die Nodien tragen nur wenig auf.

Die Lebensdauer von Lehm, von Holz und von Bambus ist nicht un-
begrenzt. Doch ist bei sachgerechtem Einbau und entsprechender
Pflege eine Lebenserwartung von hundert und mehr Jahren möglich.

5.1.4. Eisen

Teile aus Metall sind bei Ksar und Tighremt nicht zu finden.

RUINE EINES LEHMTURMES IM DADESTAL

a 97   Ausnahmen sind zuweilen bei Eingangstüren Klöppel und Klopfer, manchmal Ziernägel, fast nie ein Schlüssel. In jüngerer Zeit sind mehr und mehr schmiedeeiserne Gitter anzutreffen.

5.2. Bauteile und Konstruktionstechniken

5.2.1. Wandausbildung

In diesem Absatz sollen hauptsächlich die gebräuchlichsten Wandausbildungen aus Stampferde und aus luftgetrockneten Ziegeln beschrieben werden. Doch gibt es einige Sonderformen; durch die Verwendung anderen Materials oder durch Kombination verschiedener Materialien.

5.2.1.1. Schichtmauerwerk aus Stampferdequadern

z 78, z 79   Diese Sonderform der Stampferdetechnik wird von D. Jacques Meunié als eine militärischen Zwecken vorbehaltene Konstruktionsart beschrieben, die sich nur beim Tighremt n Imassine (Ait Zekri, Imerhrane), im Norden von El Kelaa des Mgouna und am Fuß
a 98   des Tizi n Ait Imi bei den Ait Bougmez nachweisen läßt.

a 99   In einer Sammlung von Aufsätzen von René Euloge sind Fotos von in dieser Technik errichteten Einzelbauten und Weilern veröffentlicht, die in den Hochtälern nördlich und westlich des Djebel Agoummate (3610 m ü.d.M.), in dem von D. Jacques Meunié beschriebenen Gebiet liegen. Die Besonderheit dieser Konstruktion besteht darin, daß Stampferdequader von 45 bis 55 cm Breite, 90 bis 100 cm Höhe und ca. 2 m Länge in einem seitlichen Abstand von 15 cm abwechselnd als Binder und Läuferschichten übereinander gebaut werden.

5.2.1.2. Natursteinmauerwerk

z 80   In einigen Veröffentlichungen wird Natursteinmauerwerk als die ursprüngliche Art der Konstruktion von Ksar und Ksarhaus be-
a 100   schrieben. Außer einigen Ruinen im Dratal konnten Natursteinbauten jedoch nur in höher gelegenen Atlastälern, z.B. in Tamtattouchte und Msemrir, am Tizi n Tichka (Paß zwischen Marrakech und Ouarzazate) und am Tizin Test (Paß zwischen Marrakech und Taroudannt)vorgefunden werden. Die Natursteine sind mit und ohne Lehmmörtel vermauert. Teils sind die Wände verputzt, teils unverputzt. In gewissen Abständen wird das Mauerwerk durch Rollschichten - wobei die Steine diagonal verlegt sind - ausgeglichen. Übrigens ist in der Sahelzone eine Lehmkonstruktion bekannt, bei der einzelne Lehmwülste ebenfalls diagonal verlegt
a 101   werden.

5.2.1.3. Kombination von Naturstein und Stampferde

z 81   D. Jacques Meunié berichtet über ein einziges Beispiel dieser Art. Es befindet sich acht Kilometer südlich von Skoura bei den Oulad Maâguel, etwas oberhalb des Zusammenflusses von Amridil und Dadès, an dessen rechtem Ufer. D. Jacques Meunié schreibt
a 102   dazu: "Im Inneren einer Umwallung fand sich ein großes ovales Gemäuer, dessen Mauer jeweils einen Meter gerade, bis auf eine Höhe von zwei Meter dreißig in Naturstein gebaut war, darüber ein Meter sechzig Stampferde (das entspricht zwei Schalungen von ca. 80 cm), dann von neuem Naturstein über der Stampferde". Sie sagt weiter, daß dieses Beispiel etwas jünger ist, als eine benachbarte Ruine, bei der man Fragmente von Töpferwaren aus der Zeit der Almoraviden und der Almohaden (11. - 12. Jahrhundert) gefunden hat. Auf jeden Fall handelt es sich dabei offensichtlich um eine Anlage, die vor der Entstehung von Tigermatin und Ksour errichtet worden ist. In M'Semrir konnten noch bewohn-

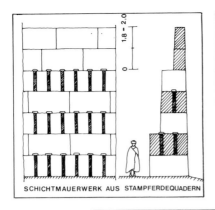
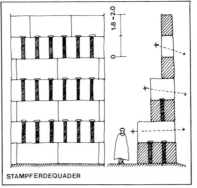

z 78

z 79

z 80

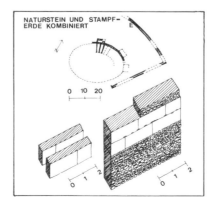

z 81

te Gebäude besichtigt werden, deren untere Geschosse aus Naturstein und deren Aufbauten aus luftgetrockneten, verputzten Lehmziegeln konstruiert waren.

5.2.1.4. Stampferde

Während bei der Mehrzahl der Gebäude in Ait el Arbi die unteren Schichten der Wände aus Natursteinen bestehen, kann dies von den Wänden der Ksour und Ksarhäuser der Oasengebiete nicht immer gesagt werden. Die beim Tighremt der Ait Hamid verwendeten Steine sind rund geschliffene große Flußkiesel, die ohne besondere Kunstfertigkeit im Mörtelbett verlegt sind. Ob die inneren Lagen wegen der aufsteigenden Feuchtigkeit ohne Mörtel verlegt sind, kann nicht gesagt werden. Während des letzten Aufenthaltes in Ait el Arbi (1977) wurde jedoch an der Bergseite des Wohnhauses der Ait Hamdi eine Drainage gegen Hangwasser aus unvermörtelten großen Flußkieseln gebaut. Das Prinzip scheint also bekannt zu sein. Die Basis der Wände ist beim Tighremt der Ait Hamid trotz der stärkeren Beanspruchung im Gebirge in besserem Zustand als bei vielen vergleichbaren Bauten in den Oasen des Südens.

z 83

Mit Hilfe einer sehr einfachen, in dieser oder ähnlicher Form über ganz Nordafrika verbreiteten Holzschalung, kann in kurzer Zeit sehr viel gebaut werden. Die Schalung ist in ihrer Einfachheit leicht herzustellen und zu verändern. Sie setzt sich aus bequem handzuhabenden Einzelteilen zusammen. Konstruktionsmaterial und Schalungstechnik lassen es im Sommer zu, daß die Schalung am Tage bis zu 10 mal versetzt werden kann. Bei einem Schalungsmaß von ca. 90/180/45 bis 75 bedeutet dies eine Tagesleistung von ca. 16 m² Wandfläche oder ca. 10 m³ verbaute Stampferde. Es arbeiten zwei, manchmal drei Leute mit einer Schalung (Materialaufbereitung, Transport und Verarbeitung). Die Stampferde wird mit Körben aus Halfagras auf dem Kopf transportiert.

a 1o2a
z 82

z 84

a 103

Die Schalung besteht in der Regel aus drei runden Auflagehölzern, die in der darunter liegenden Schicht fixiert sind. Darauf werden die beiden seitlichen Schalungsteile aus bis fünf horizontal verlaufenden Bohlen an die untere Schicht angeschlagen. Diese seitlichen Schalungsteile werden von zwei wechselseitig einmal innen, einmal außen angebrachten Kanthölzern zusammengehalten. Danach wird an der freien kurzen Seite ein aus drei senkrecht stehenden Brettern bestehender Schieber zwischen die beiden Längsschalungsteile geschoben und an die inneren Kanthölzer der seitlichen Schalung angelehnt. Das mittlere Brett ist etwas höher als die beiden seitlichen. Jetzt werden auf einer der beiden Längsseiten drei, am unteren Ende von außen nach innen zugespitzte Rundhölzer in die vorbereiteten Zapfenlöcher der Auflagehölzer gesteckt. Die Zapfenlöcher sind so groß, und die stehenden Randhölzer am unteren Ende so dünn, daß sie an der Unterseite der Auflagehölzer ca. 5 cm vorstehen. Außerdem stehen sie ca. 10 cm über die Oberkante der Längsschalung hinaus. Sie sind an der Außenseite eingekerbt. In diese Kerben wird ein Endlosseil eingehängt und durch Verdrehen so lange verkürzt, bis es nur noch knapp an die gegenüberliegende Seitenschalung reicht. Durch die Endschleifen werden nun ebenfalls oben eingekerbte, unten in gleicher Weise wie gegenüber zugespitzte Rundhölzer eingeschoben und mit Hilfe des großen Hebelarmes an der Unterseite nach innen gedrückt, bis sie in die gegenüberliegenden, ebenfalls vorbereiteten Zapfenlöcher der Auflagehölzer gesteckt werden können. Die Steher werden nun nach unten geschlagen. Durch die doppelseitige (von außen nach innen) wirkende Keilwirkung wird die Schalung fest gegen den Schieber bzw. das gegenüberliegende, zuvor fertiggestellte Wandstück gepresst. Die Stampferde wird korbweise eingefüllt und

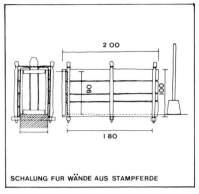

SCHALUNG FUR WÄNDE AUS STAMPFERDE

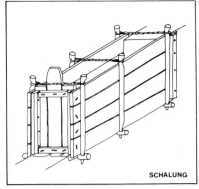

SCHALUNG

z 82

z 83

TRANSPORT UND VERARBEITUNG VON STAMPFERDE

z 84

mit dem Stampfer verdichtet.

Auch das Ausschalen geht einfach, ohne viel Kraftaufwand und schnell. Durch Hochschlagen der Steher reduziert sich die Keilwirkung und die Seile werden schlaff. Die einzelnen Teile können mühelos entfernt werden.

a 104

Die Fensteröffnungen waren in der Vergangenheit sehr klein. Auch heute ist ein Fenster selten größer als 1 m². Das Format ist in der Regel stehend. Die Fensterstürze sind über eine Distanz von weniger als einem Meter gespannt. Beim Tighremt der Ait Hamid werden sogar nie mehr als 70 cm überspannt. Die horizontalen Stürze werden aus seitlich weit überschobenen Bohlen oder Kanthölzern, oder bei kleineren Spannweiten, aus Naturstein gebildet. Die Sturzteile sind beim Einbau häufig auf die Oberkante des darunterliegenden fertiggestellten Wandteiles aufgelegt. Dies hat den Vorteil, daß die seitlichen Schalungsteile der Fenster nicht abgelängt sein müssen und somit für verschiedene Fensterhöhen verwendet werden können, und daß sich die Sturzteile beim Stampfen der Erde nicht so leicht verschieben.

Die Türöffnungen sind wesentlich breiter. Türbreiten bis zu 150 cm (Breite des bepackten Esels) kommen vor. Die Stürze werden von dicht bei dicht verlegten Kanthölzern gebildet, die ebenfalls an den Seiten weit in die Mauern einschießen. Zum Teil werden die seitlichen Türleibungen von Kanthölzern gebildet. Die Türstürze sind häufig an der Vorderseite geschnitzt.

5.2.1.5. Luftgetrocknete Ziegel

z 85

a 105

Das Material entspricht weitgehend dem der Stampferde, ist aber feiner. Hat der vorgefundene Lehm zu große Steineinschlüsse, wird er gesiebt. Er wird mit Hilfe einer kurzstieligen Hacke, deren Schaufelblatt spitzwinkelig zum Stil steht, mit Strohhäksel und Wasser vermischt und mit den Füßen geknetet. Die Ziegel werden mit einem hölzernen Model geformt und an Ort und Stelle getrocknet. Das Format differiert von Gebäude zu Gebäude.

a 106

Nach D. Jacques Meunié sind Konstruktionsziegel mit Maßen von 30/15/8 cm wesentlich größer als die Dekorationsziegel mit Maßen von 24/12/6 cm. Beim Tighremt der Ait Hamid lag das Durchschnittsmaß eines Ziegels der äußeren Schale bei 23/12/8,5 cm.

z 88

z 86, z 87

a 107

Die Ziegelwände sind verputzt. Bei vielen Beispielen war der Putz abgeplatzt, aber nur bei wenigen war so viel frei, daß der Mauerwerksverband erkennbar wurde. Einigen Bindern folgen unvermittelt ein paar Läufer und umgekehrt. Es kommt oft vor, daß vier oder fünf Fugen übereinanderliegen. Durchlaufende Fugen spielen konstruktiv vermutlich keine große Rolle, wird doch für die Fugen das gleiche Material verwendet, aus dem auch die luftgetrockneten Ziegel bestehen. Die Fugenbreite variiert zwischen 1,5 und 4 cm. Es ist zu vermuten, daß die Ziegel vor der Verarbeitung befeuchtet wurden. Die strenge Regelmäßigkeit der durch die Ziegel bzw. die Fugen zwischen den Ziegeln gebildeten Ornamente zeigt aber andererseits eine geometrische Ordnung. Das Ziegelornament ist ausschließlich an den oberen, gemauerten Fassadenteilen festzustellen. Es ist ein Basreliev, das durch breite Fugen, durch Weglassen von Ziegeln, durch diagonal Stellen oder diagonal Legen von Ziegeln gebildet wird. Die Tiefe entspricht einer Steinbreite (Beispiele siehe Kapitel 6).

Die Fensteröffnungen werden wie im Bereich der Wände aus Stampferde von Holzstürzen überspannt, die in der Regel in die Fugen eingemauert sind. Bei Ksarhaus und offenem Tighremt sind zum Teil Türen und Fenster zur Dachterrasse, vor allem aber die Öffnungen zum Innenhof ein- oder mehrachsig durch Bögen überspannt.

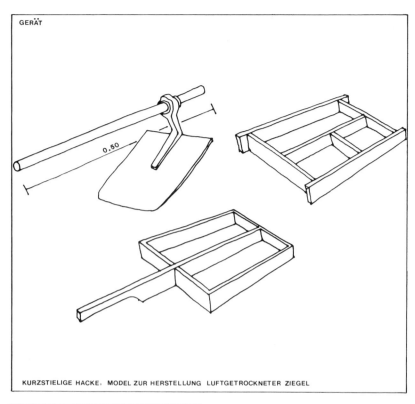

KURZSTIELIGE HACKE, MODEL ZUR HERSTELLUNG LUFTGETROCKNETER ZIEGEL

z 85

z 86

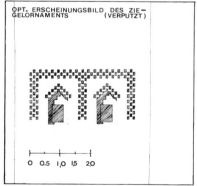

OPT. ERSCHEINUNGSBILD DES ZIEGELORNAMENTS (VERPUTZT)

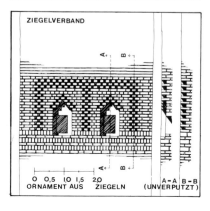

ZIEGELVERBAND

ORNAMENT AUS ZIEGELN (UNVERPUTZT)

ZIEGELVERBAND

z 87

z 88

5.2.1.6. Ausbildung der Mauerkrone

Im Verbreitungsgebiet von Tighremt und Ksar überragt die Außenmauer das Dach. In höher gelegenen Atlastälern überragt demgegenüber das flache Dach die Wand als Wetterschutz gegen die hier sehr viel häufigeren Niederschläge. Im Grenzbereich zwischen der Randzone der Sahara und den Hochtälern des Hohen Atlas überragt zwar wiederum die Außenmauer das Dach, die Fassade wird aber durch eine Hilfskonstruktion geschützt.

Die Tigermatin in Ait el Arbi liegen in diesem Grenzbereich. Obwohl bei allen drei Tigermatin die Außenwand das Dach überragt, wird doch nicht auf einen Wetterschutz für die Fassade verzichtet. In unterschiedlicher Höhe über dem Dach sind dicht bei dicht verlegte Bretter quer zur Längsachse über die Mauern verlegt. Sie kragen bis zu 40 cm über die Außenkante der Wand aus. Sie werden von einer an den Seiten abgerundeten Lehmmörtellage erheblicher Stärke festgehalten, um nicht vom Wind abgehoben zu werden. Die stärkere Auflage an den Mauerecken, die mit ihrem größeren Gewicht der hier an zwei Seiten angreifenden Windlast Widerstand bietet, ist in der Regel zur Eckzinne ausgeformt. Die Eckzinne hat hier neben anderen Funktionen vor allem eine konstruktive Aufgabe zu erfüllen.

z 89

Diese Form des Wetterschutzes für die Fassade, die überwiegend im Dadêstal anzutreffen ist, wird zum Teil auch durch eine oder mehrere Lagen Bambus oder Reisig gebildet. In ganz seltenen Fällen wird der Wetterschutz auch von glasierten Dachziegeln übernommen. In tiefer gelegenen südlichen Gebieten mit noch geringeren Niederschlagsmengen fehlt der Wetterschutz ganz. Es mag etwas verwundern, daß ein Vorteil der das Dach überragenden Außenwand, die Möglichkeit, kostbares Wasser zu sammeln, um es einer Zisterne zuzuführen, nicht ausgenutzt wird. Es ist jedoch zu vermuten, daß die Wasserlöslichkeit des Lehms dies ebensowenig erlaubt wie die maximale Belastbarkeit der Deckenkonstruktion.

Die Wandstärken der Außenwände bewegen sich zwischen 90 cm an der Basis und 25 cm an der Attika. Die Innenseiten der Wände bleiben annähernd senkrecht. Die Außenseite ist abgeschrägt.

5.2.1.7. Putz

Ziegelwände sind im Inneren und an der Fassade verputzt. Beim Tighremt der Ait Hamid in Ait el Arbi ist ein weißer Putz aufgetragen. Der dazu erforderliche Lehm wurde im Umkreis von 500m um den Tighremt gefunden. Er ist feiner als der für Stampferdewände und Ziegel verwendete. Er ist ebenfalls mit Strohhäksel und Wasser vermischt und in einer Stärke von 1,5 bis 4 cm aufgetragen.

Diese Putzschicht dient sicherlich in erster Linie dem Schutz der oberen Fassadenteile. Gleichzeitig bietet sie aber die Möglichkeit, durch die Wahl des Lehms die oberen Fassadenteile farblich differenziert zu behandeln. Die Farbunterschiede zwischen oberen und unteren Fassadenteilen sind im Dadêstal häufig anzutreffen. Vorzugsweise werden in den oberen Fassadenzonen hellere Putze verwendet.

5.2.1.8. Bambusgeflecht

Schließlich ist noch eine Form der Wandausbildung zu beschreiben, die häufig neben oder auf der Lehmkonstruktion anzutreffen ist.

Diese leichten, luftigen Wände sind in größeren Höfen, auf dem Dach von Ksarhäusern, aber auch neben den Häusern zu finden. Es ist ein Geflecht, rechtwinklig oder diagonal zueinander

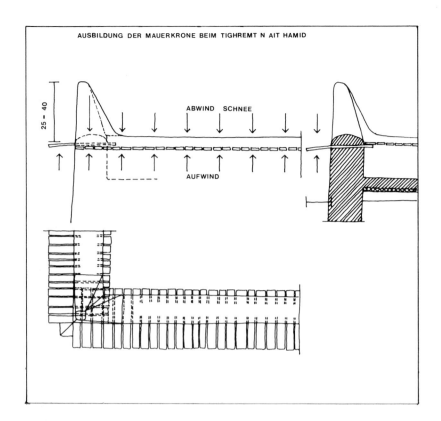

verlaufender Bambusstäbe, die mit Halfagras aneinander gebunden sind. Das Dach ist ebenso ausgebildet. Die Hütten dienen als Sommerküche und als schattiger, luftiger Ruheplatz im Sommer.

a 108   Es ist auffällig, daß keine runden Formen vorkommen, wenn wir einmal vom Beispiel Qsêir en-Nsara (siehe Absatz 5.2.1.3.) in der Oase von Skoura und einem der vier Türme eines Tighremt im Dratal nahe Zagora absehen. Beim Qsêir en-Nsara stellt sich bei näherer Betrachtung heraus, daß es sich um eine vieleckige Konstruktion handelt. Der Turm des Tighremt im Dratal ist vom Fundament weg gemauert und ohne Stampferde ausgeführt. Die Konstruktionstechnik der in die Schalung eingebrachten Stampferde läßt zwar runde Formen im Grundriß nicht zu, gestattet aber große Bauhöhen.

a 109
a 110
a 111
Am südlichen Rand der Sahara, in der Sahelzone, sind die Gebäude ebenfalls aus Lehm hergestellt. Die dort angewandten Konstruktionstechniken, z.B. die Ausfachung eines aus Palmblattscheiden oder Bambus hergestellten Geflechts mit Lehm, der Schichtbau oder der Wandaufbau durch schräggestellte Lehmwülste, lassen runde Formen problemlos zu. Sie lassen allerdings infolge der geringeren Druckfestigkeit, die bei diesen Techniken erzielbar sind, auch nur eine geringere Höhenentwicklung zu.

5.2.2. Fußboden, Decke und Dach

5.2.2.1. Art der Konstruktion

Decke und Dach werden infolge der nur geringfügig unterschiedenen Konstruktion zusammengefaßt. Der Fußboden ist, mit Ausnahme des Bodens im Erdgeschoß, konstruktiv notwendiger Teil der Decken. Bei Ksarhaus und Tighremt im Dadêstal und Dratal sind überwölbte Räume nicht zu finden. Am östlichen Rand der Sahara sind

a 112   unter ähnlichen klimatischen Bedingungen in der Oase von El Oued alle Räume in den Gebieten überwölbt.

Neben den nicht zu unterschätzenden kulturellen Einflüssen spielten hier sicher auf der einen Seite die reichen Natursteinvorkommen und das Vorkommen der Sandrosen und auf der anderen Seite die nur sehr bescheidenen Bestände an Bauholz eine wesentliche Rolle. Im Süden Marokkos sind Natursteine nicht verfügbar. In den Flußoasen stehen jedoch Tausende von Palmen. Ihre Pflege ist zwar mühselig, aber doch weit weniger als in der Oase von El Oued, wo die Palmen in den Dünentälern stehen und im Grundwasser wurzeln.

Die Oasen Südmarokkos sind wesentlich größer als die El Oueds. Holz, vor allem auch Bambus und Palmblätter sind hier verhältnismäßig leicht zu haben. Was liegt also näher, als die einfacher zu konstruierende flache Decke zu wählen, die zudem noch die Benutzung des Daches und die problemlose Stapelung von Geschossen erlaubt, eine zwingende Forderung bei Tighremt und Ksar.

a 113   Während sich die Spannweiten beim Ksarhaus und Hoftyp der Tigermatin zwischen zwei und drei Meter bewegen, wurden bei allen drei geschlossenen Tigermatin in Ait el Arbi doppelt so große Spannweiten vorgefunden. Die Hauptbalken waren an wenigen Stellen unterstützt, doch schienen diese Stützen neueren Datums zu sein.

Im Tighremt der Ait Hamid haben die Hauptbalken Durchmesser zwischen 35 und 40 cm. Das sind für diese Region erstaunliche Querschnitte.

Am Oberlauf des Dadês wachsen keine Palmen. Es gibt aber einige Arten von Laubbäumen (siehe Absatz 5.1.2.). Diese Holzarten

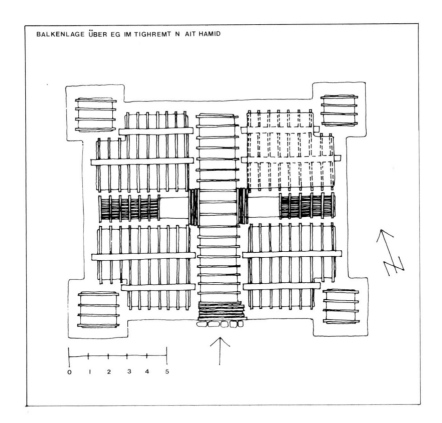

z 28/4 lassen vermutlich größere Spannweiten zu. Die Verfügbarkeit von Bauholz mit größeren Holzquerschnitten und geringerer Elastizität ist ausschlaggebend für die größere Spannweite der Decken und damit der freien Raumbreite. In den Ksour der tiefer liegenden Oasen sind auch größere Räume, z.B. in Moscheen, Bädern usw. von Deckenbalken überspannt, die alle zwei bis drei Meter unterstützt sind.

5.2.2.2. Einbau der tragenden Teile

Bei den großen Räumen der drei Tigermatin in Ait el Arbi wurden im Gegensatz dazu Haupt- und Nebenbalken angeordnet.

In den Hoftypen der Tigermatin und in den Ksarhäusern sind die Spannweiten geringer. Es ist in der Regel nur eine Balkenlage angeordnet.

z 90 Während die Hauptbalken über knapp 5 m gespannt sind, spannen sich die Nebenbalken über 1,20 bis maximal 1,80 m. Die Balken sind ohne Schwellholz oder Steinunterlage auf die Mauer aufgelegt und in Lehm eingebettet. Die geringe Luftfeuchtigkeit läßt diese Form des Einmauerns der Balkenköpfe zu, zumal auch die Stampferde der Wände kein totes Material ist und mit den zahlreichen Haarrissen und Hohlräumen eine gewisse Luftdurchlässigkeit garantiert.

Beim Tighremt der Ait Hamid in Ait el Arbi fällt auf, daß auf der Höhe der obersten Turmdecke Holzrippen nach allen vier Seiten auskragen. Ähnliche Auskragungen kommen südlich der Sahara vor. Das berühmteste Beispiel ist das Minarett der Moschee von Agades im Tschad. Die Moscheen von Mopti und Djenne in Mali

a 114 sind andere besonders schöne Beispiele für solche Auskragungen. Dort sind die Holzrippen jedoch über die ganze Höhe der Fassade in knapp zwei Meter senkrechtem Abstand verteilt. René Gardi schreibt hierzu: "Sie sind so solid, daß bei den alljährlichen Renovationen keine Gerüste notwendig sind. Gleichzeitig wurden sie natürlich längstens zum Dekorationselement".

Beim Minarett der Moschee von Agades hören die Holzrippen knapp vier Meter unterhalb der Turmoberkante auf. Die Auflast auf den eingespannten Teilen dieser Hölzer ist also verhältnismäßig groß. Bei den Türmen des Tighremt der Ait Hamid bietet, auch wenn die Holzrippen aus einem Stück bestehen und somit nach beiden Seiten auskragen, der obere Mauerabschluß und die oberste Decke in der Mittelzone nur wenig Auflast. Bei genauerer Betrachtung ist jedoch festzustellen, daß die Holzrippen besonders beim nordöstlichen Turm abwechselnd über bzw. unter den Querrippen verlaufen. Durch diese Verschränkung wird die Last der sehr hohen Eckzinnen auch auf die Mittelzone übertragen und bildet damit ein ausreichendes Widerlager für größere Lasten. Es ist anzunehmen, daß auch diese Hölzer als Gerüst be-
a 115 nutzt wurden.

5.2.2.3. Ausfachung der Deckenfelder

Wie bei den Wandkonstruktionen, gilt auch bei den Decken das Hauptaugenmerk den gebräuchlichsten Konstruktionen. Doch gibt es insbesondere bei den Ausfachungen Sonderformen, die nicht unerwähnt bleiben sollen.

5.2.2.3.1. Sonderformen der Ausfachung

Die Verwendung von feinem Zweigwerk als ausfachendes und zugleich den Lehmestrich des Fußbodens tragendes Element zwischen den Nebenbalken wurde vor allem in den Hochgebirgstälern zum Beispiel in M'Semrir festgestellt. Als Pendant ist die Verwen-

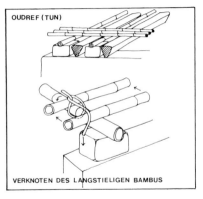

z 91

z 92

z 93

z 94

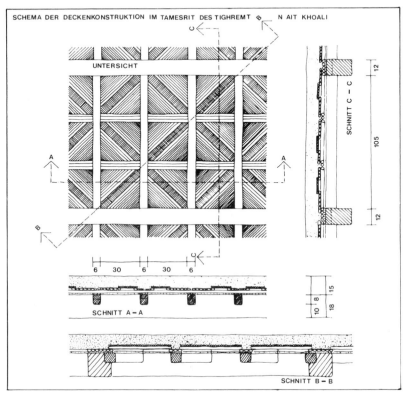

dung von Palmblättern in den tiefer gelegenen Flußoasen anzusehen.

In einem der Tigermatin in Ait el Arbi fand sich bei der Decke über Erdgeschoß eine Ausfachung aus flachen Natursteinplatten. Es ist anzunehmen, daß diese Form der Dachkonstruktion vorzugsweise im Gebirge angewandt wurde. Die Ausfachung mit Holzbohlen wird von der "Kasba 64 Study Group" beschrieben und am Beispiel eines Ksarhauses von Ouled Chaker dargestellt. Es ist anzunehmen und durch eigene Beobachtungen belegt, daß diese Form nur sehr selten vorkommt.

Mit der Decke im Tamesrit des Tighremt in Ait Ougrour in Tiflite ist allerdings ein besonders schönes Beispiel dieser Technik zu vermerken, dessen städtische Herkunft sich direkt nachweisen läßt.

5.2.2.3.2. Ausfachung mit Bambus

Bambus ist das zweifellos am häufigsten verwendete Material für die Ausfachung der Deckenfelder. Es wächst an den Feldrändern der Oasen.

a 117, z 91
a 118, z 92

Bambus wird in der großen Kabylei Algeriens ebenso verwendet, wie im Süden Tunesiens. Während es dort mit Stricken aus Halfagras mit der Unterkonstruktion verbunden wird, übernimmt im Süden Marokkos eine Lehmauflage auf die Balken die Aufgabe, die Meerrohrteile festzuhalten.

a 119

Bei der einfachsten Form der Decke werden senkrecht zu den Nebenbalken oder zu dazu quer verlegten Bambusbündeln zwei, drei oder mehr besonders starke Bambusstäbe dicht bei dicht über mehrere Auflagen hinweg verlegt. Dies ist die übliche Ausfachung über Stall-, Lager- und Wohnräumen in Tighremt und Ksar.

Eine zweite Form gleicht der ersten optisch weitgehend. Sie unterscheidet sich nur dadurch, daß die Bambusstäbe jeweils auf den Nebenbalken gestoßen werden.

z 93

Auch die im Folgenden beschriebenen Beispiele werden ebenfalls jeweils auf den Nebenbalken oder quer dazu verlegten Bambusbündeln gestoßen, sie sind allerdings diagonal verlegt. Diese Verlegeart erlaubt es, auch dünnere Stäbe zu verwenden.

Zum Beispiel im Empfangsraum des neuen Wohnhauses Youssef Ait Oussâadins in Ait el Arbi wird die deckende Fläche zwischen Nebenbalken und quer verlaufenden Bambusbündeln von diagonal verlegten Stäben gebildet. Die Durchmesser der Stäbe nehmen mit wachsender Spannweite zu.

z 94

Im Tamesrit des Tighremt der Ait Khoali sind die Stäbe in ähnlicher Weise diagonal verlegt. In M'Semrir, bei den Ait Oussikis, aber auch im weiter entfernten Anti-Atlas, ist diese Art der Decke zu beobachten. Im Unterschied zum zuvor Beschriebenen, wird hier der diagonale Mittelstreifen zunächst etwa 10 bis 12 cm freigelassen und dann von quer gelegten, sehr dünnen Stäben überdeckt.

Bei einem anderen Beispiel, ebenfalls aus dem Anti-Atlas, sind die Stäbe in der untersten Ebene diagonal verlegt. In der Mitte bleibt ein diagonal versetztes Quadrat frei, das von einer zweiten Schicht senkrecht zu den Nebenträgern überdeckt wird.

Das bei weitem raffinierteste, aber auch komplizierteste System ist bei einem weiteren Teil der Decke im Tamesrit der Ait Hamid in Ait el Arbi zu sehen. Hier sind die beiden letzten Fälle miteinander verbunden. Während im zuvor beschriebenen Beispiel noch maximale Stablängen notwendig waren, die der Spannweite zwischen den Nebenbalken entsprechen, kommt das letzte Beispiel mit einer maximalen Stablänge aus, die dem 1,414-fachen der halben Spannweite entspricht.

Man sollte bei diesen Überlegungen den dekorativen Zweck dieser Konstruktionen nicht unterschätzen (siehe auch Kapitel 6). Trotzdem bleibt aus konstruktiver Sicht interessant, daß die zuletzt beschriebenen Beispiele auch die Verwendung schwächerer Bambusstäbe erlaubt.

5.2.2.4. Fußboden

Alle Decken haben eine Lehmauflage bis zu fünfzehn Zentimetern Stärke, die als Fußboden des darüberliegenden Geschosses dient. Zugleich sorgt diese Auflage durch Gewicht und Klebewirkung für das Fixieren der Ausfachung. Der Übergang zur Wand ist leicht gerundet und fließend.

5.2.2.5. Dach

Auch die jeweils oberste Decke hat eine Lehmauflage ähnlicher Stärke wie bei den Geschoßdecken. Bei gepflegten Bauten wird in jedem Frühjahr die alte Lehmschicht ausgebessert oder ein neuer Estrich aus fettem Lehm aufgetragen, der zum Teil von weit her geholt wird. Diese oberste Schicht ist bei den Tigermatin mit einem leichten Gefälle zu einem hölzernen, weit auskragenden Wasserspeier verlegt. Rauchabzüge oder sonstige Deckenöffnungen sind durch einen Wulst gegen herabfließendes Wasser geschützt. Die seitlichen Wände sind häufig bis zu drei Meter über die Oberkante des Daches hochgeführt. Die weite Auskragung des Wasserspeiers verhindert das Ausspülen offener Rinnen in der Wand.

Bei den Ksarhäusern sind zum Teil an der Fassade zur Gasse hin offene Rinnen angelegt, in denen das Abwasser geführt wird.   a 120

5.2.3. Treppe

In den Tigermatin und Ksour sind einläufige, zweiläufige, gewendelte Treppen und Kombinationsformen zu sehen. Zuweilen sind Kletterbäume und einfache Leitern zu finden.

Alle fest eingebauten Treppen sind eingespannt. Es fällt auf, daß bei gewendelten Treppen die Kanten der Eckstufen häufig genau in der Diagonalen angeordnet sind. Die tragenden Teile bestehen aus Hölzern, die im Abstand von ca. 60 cm quer zur Laufrichtung gespannt und in die seitlichen Wände eingemauert sind. In der Laufrichtung sind parallel zur Steigung mehrere Längshölzer angeordnet, auf die wiederum quer mehrere Lagen von Meerrohr dicht bei dicht verlegt sind. Darauf sind die Stufen aus lufttrockneten Ziegeln aufgemauert. Die Stufenvorderkanten sind zum Teil durch eingebaute Kanthölzer verstärkt.

Beim Tighremt der Ait Ougrour in Tiflite sind quer zur Laufrichtung Tragbalken angeordnet. Parallel zur Steigung sind dicht bei dicht verlegte, wesentlich schwächere Längsbalken aufgelegt. Die Lehmstufen sind ohne weitere Zwischenlage direkt aufgesetzt. Es ist kein Kantenschutz angebracht. Beim Tighremt der Ait Hamid in Ait el Arbi wird die unterste Stufe von einem Naturstein gebildet, der zwar ungefähr der Höhe einer Stufe entspricht, aber nur halb so breit ist wie die Treppe ist. Das hat den Vorteil, daß bei äußerst geringem Platzbedarf der Treppe im Bedarfsfall der Zugang zu den Ställen ganz freigemacht werden kann. Im Normalfall stört der Stein ohnehin nicht.

5.2.4. Türen, Tore und Fenster

5.2.4.1. Türen und Tore

In den Absätzen 5.2.1.4. und 5.2.1.5. wurden Tür- und Fensterstürze bereits besprochen. Die Türen sind einfach konstruiert. Auf drei, manchmal vier oder fünf Querbohlen sind senkrechte Bohlen aufgenagelt. Die stumpf gestoßenen stehenden Bohlen sind bis zu 30 cm breit. Die Randbohlen sind schmaler, sie sind aber doppelt tief. Die Querbohlen sind aufgedoppelt oder stumpf gestoßen.

z 95
a 121

Dekorierte Türen sind meistens aufgedoppelt. Die Aufdoppelung ist mit Ziernägeln an der Konstruktion befestigt. Es sind kaum Diagonalaussteifungen angebracht. Die Tür zur Kasba von Telouet ist mit einem Stahlband verstärkt. Die hinterste der senkrechten Bohlen ist oben und unten zapfenförmig zugeschnitten. Der untere Zapfen bewegt sich in einem in den Boden eingelassenen Zapfenloch, der obere Zapfen ist durch eine aus der Wand auskragende, quer gelegte Bohle gesteckt. In den städtischen Baukulturen nordwestlich des Atlas ist dieses Detail ebenfalls zu finden. Dort ist es häufig reich ausgeformt.

z 96

Schloß und Schlüssel bestehen aus Holz. Der eiserne Schlüssel beim Tighremt der Ait Hamid ist eine Ausnahme. Die Schlösser sind auf der Tür befestigt, der Riegel schiebt sich in eine dafür vorbereitete Öffnung in der Türleibung.

z 97
a 122

Das Schloß ist in ganz Nordafrika nach dem gleichen Prinzip konstruiert. Es wird in folgender Weise geöffnet: Einschieben des Schlüssels, Entsperren durch Hochschieben der Splinte, Herausziehen des Riegels.

Beim Haupttor in Ait Aissa ou Brahim ist das Schloß im Gegensatz zum zuvor beschriebenen Fall in der Wand befestigt. Bei diesem Prinzip ist seitlich der Tür eine Maueröffnung angeordnet, durch die das Schloß entsperrt wird. Der Riegel führt entweder in oder hinter die Tür. Das Schloß ist besser gegen fremde Zugriffe geschützt. Es ist zwar komplizierter einzubauen, kann aber auch von innen verschlossen werden. Im benachbarten M'zab in Algerien sind fast alle Schlösser nach diesem Prinzip angeordnet.

An den meisten Eingangstüren sind Klöppel und Klopfer in Augenhöhe angebracht. Sie bestehen aus Eisen.

5.2.4.2. Fenster

Bei jüngeren Bauten sind die Fenster größer geworden. Die Gewände sind häufig glatt geputzt, weiß gestrichen und mit einem schmiedeeisernen Gitter versperrt. Manche Fenster sind mit Holzteilen untergliedert. Ab und zu sind die Fenster mit hölzernen Läden von innen zu verschließen.

z 98
z 99

Das weiß gestrichene Fenstergewände hat sicherlich auch dekorative Aufgaben. Entscheidend ist jedoch vermutlich das Bedürfnis nach mehr Licht in den Räumen. Durch die Reflexion der Sonnenstrahlen auf den weißen Flächen dringt trotz verhältnismäßig kleiner Fensteröffnungen mehr Licht in die Innenräume. Es liegt nahe, daß die weißen Flächen der Fenstergewände Insekten anziehen, aus dem Inneren der Räume locken. Es wäre interessant, diese Frage einmal gesondert zu untersuchen, zumal eines der Probleme der Lehmkonstruktionen gerade der wörtlich zu nehmende "lebendige" Baustoff ist. Es kommt vor, daß 50 bis 60 Jahre alte Gebäude wegen der nicht mehr einzudämmenden Ungezieferplage verlassen werden müssen.

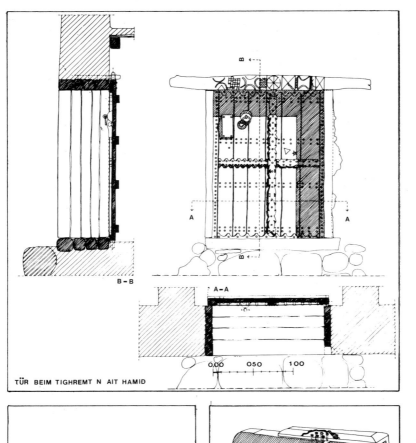

TÜR BEIM TIGHREMT N AIT HAMID

z 95

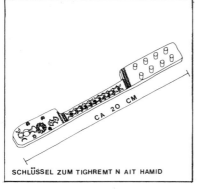

SCHLÜSSEL ZUM TIGHREMT N AIT HAMID

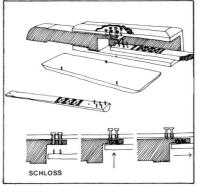

SCHLOSS

z 96

z 97

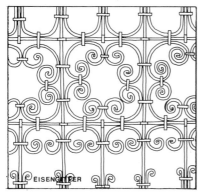

EISENGITTER

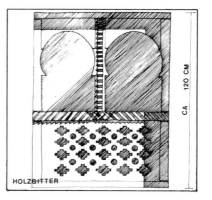

HOLZGITTER

z 98

z 99

Die Fenstergitter sind wie die weißen Fenstergewände neueren Datums. Sie wurden erst erforderlich, als man durch die größer gewordenen Fenster in die Gebäude einsteigen konnte. Auch die hölzernen Gitter sind erst bei größeren Fenstern zu finden, wie z. B. beim Ausblickfenster des Tamesrit, beim Tighremt der Ait Hamid in Ait el Arbi.

5.2.5. Heizung, Kühlung, Lüftung

Im Dratal, am Rheris und Ziz, ist die Kühlung sicher ein größeres Problem als die Heizung. Die Temperaturen sinken auch an den kalten Tagen selten unter 10°C.

5.2.5.1. Heizung

Anders ist die Situation in den Tälern des Atlas, wie in Ait el Arbi, wo es in den Wintermonaten empfindlich kalt werden kann. Hier werden bauliche Vorkehrungen nicht für die Beheizung der Räume getroffen, sondern für das Abhalten der Kälte. Man begegnet der Kälte in erster Linie durch den Typus des Gebäudes. Die Tigermatin sind geschlossen, ein Innenhof fehlt, die Fensteröffnungen sind nicht sehr zahlreich. Sie sind klein.

Die Decken in den Wohnräumen der Tigermatin der Ait Hamid, Ait Khoali und Ait Amr sind schwarz von Ruß. In der Mitte der Decken befinden sich kleine Rauchöffnungen, die nach Bedarf geschlossen werden können. Hauptwärmequellen sind die offenen Feuer am Fußboden der Wohnräume, wie sie auch in den Khaimas (Zelte) der Nomaden die ganze Nacht hindurch bei wenig Rauchentwicklung für wohlige Wärme sorgen.

z 100　　In den Fußböden der Wohnräume sind kleine Öffnungen für die Fütterung der Tiere vorgesehen. Diese Luken lassen die Abwärme von Schafen, Ziegen und Rindern nach oben steigen und sorgen zumindest in der Übergangszeit für ein bißchen Grundwärme.

a 123　　Hauptsächlich begegnet man der Kälte jedoch mit Hilfe wärmender Kleidung. Die Mitglieder des Stammes der Ait Bou Oulli tragen eng anliegende gestrickte knöchellange Hemdhosen.

　　　　　Die Ait Ouaouzguite tragen den für diese Gegend berühmten, gewebten, mit geometrischen Ornamenten bestickten Burnus. Dieser
a 124　　Burnus hat eine sehr dichte Oberfläche.

a 125　　Gegen die Hitze der Sommertage ist der Tighremt ebenfalls gerüstet. Zum einen sorgen die dicken Lehmwände für eine mehrstündige Verzögerung beim Aufheizen der Räume, zum anderen steht in Verbindung mit den vier Ecktürmen ein Durchlüftungssystem zur Verfügung, dessen tatsächliche Funktionstähigkeit von Youssef
a 126　　Ait Oussaadin bestätigt wurde.

5.2.5.2. Kühlung und Lüftung

z 101　　Die Lüftung von Hoftyp und Ksarhaus wird über den Hof geregelt. Die Luft im Innenhof erwärmt sich im oberen Bereich durch direkte Sonneneinstrahlung schneller als die Raumluft, steigt nach oben und zieht kühlere Luft aus den Wohnräumen nach. Die Wohnraumwände wirken als Kühlflächen auf die nachströmende Luft. So wird über mehrere Stunden des Tages eine Durchlüftung des Tighremt gewährleistet. Am Abend ist die Raumluft wärmer. Durch die nach Sonnenuntergang schnell abkühlende Außenluft wird die Kaminwirkung des Innenhofes umgekehrt. Kühle Nachtluft fällt in den Innenhof, nimmt Wärme aus den Wänden auf und entweicht.

Bei den Tigermatin ist außerdem eine Querlüftung von der beschatteten zur besonnten Seite möglich. Diese Querlüftung fehlt

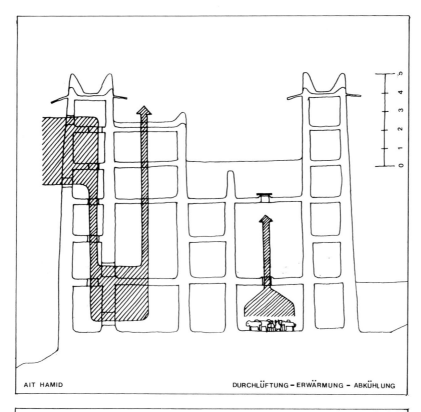

AIT HAMID   DURCHLÜFTUNG – ERWÄRMUNG – ABKÜHLUNG   z 100

z 101

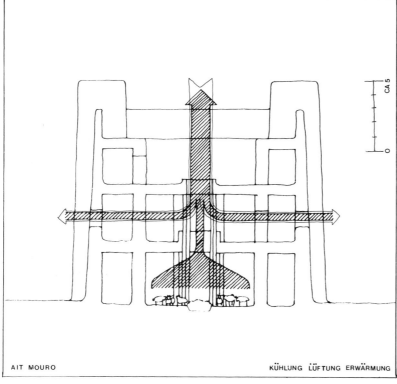

AIT MOURO   KÜHLUNG LÜFTUNG ERWÄRMUNG

bei den Ksarhäusern weitgehend.

Das Impluvium wird häufig in den frühen Morgenstunden mit gewebten Matten aus Halfagras oder geflochtenen Matten aus Meerrohr abgedeckt, um direkte Sonneneinstrahlung zu verhindern, und die abgekühlte Luft möglichst lange in den Räumen zu halten.

In den späten Nachmittagsstunden, wenn die Temperatur der Raumluft der der Außenluft entspricht, werden die Abdeckungen entfernt.

Die Mitwirkung der Türme, die ja wie bei den geschlossenen Typen durch ihren verhältnismäßig großen Strahlungsflächenanteil im Verhältnis zum Raumvolumen ebenfalls Kaminwirkung übernehmen können, ist wahrscheinlich.

Das Ksarhaus ist im Gegensatz zu den Tigermatin durch den reihenhausartigen, allerdings zumeist allseitigen Einbau zwischen anderen Ksarhäusern weitgehend nur der Strahlungswärme von oben ausgesetzt. Alle Ksarhäuser beziehen Licht und Luft aus den mehr oder weniger großen Innenhöfen. Querlüftungsmöglichkeiten bestehen nur über die Eingangstür, die häufig in weitgehend überbaute, also "kühle" Gassen mündet. Dies gewährleistet auch noch bei Ksarhäusern mit größeren Innenhöfen, die nicht mehr abgedeckt werden können, ein bißchen Kühlung.

Bei den offenen Typen der Tigermatin und bei den Ksarhäusern begegnet man der Hitze auch durch jahres- und tageszeitlich bedingte unterschiedliche Nutzung der Räume. Die Sommernacht wird auf den Dachterrassen und in den Dachhöfen verbracht. Für den Sommertag stehen die schattigen Räume des darunterliegenden Wohngeschosses zur Verfügung. Im Winter werden die Räume umgekehrt genutzt.

Auch innerhalb des Ksar weicht man der Hitze durch die Wahl des Aufenthaltsortes aus. Die Männer halten sich während der heißen Stunden des Tages häufig in den überdachten, kühlen Torbauten der Ksour auf. Die Frauen und Kinder verrichten ihre Hausarbeit in den Gassen und in den zu den Gassen geöffneten Häusern.

6. Gestalt

6.1. Einheitlichkeit von Farbe und Material

Einen nachhaltigen Eindruck hinterläßt im Süden Marokkos die Einheit von Landschaft und Siedlung. Diese Wirkung wird vor allem hervorgerufen durch die gleiche Farbe der Erde in der Landschaft und der aus dieser Erde erbauten Siedlungen und Gebäude. Diese Übereinstimmung ist nicht auf die hier vorgestellten Siedlungsformen und Wohntypen beschränkt.

Nun ist der Lehm und seine Farbe durchaus nicht überall genau gleich, also unterschiedslos und ohne Konturen. Das Spektrum der Farben reicht vielmehr vom rötlichen Weiß bis zu Schwarz, vom gelben Ocker bis zum blauen Violett, wobei die Grundfarbe Rot immer dominiert.

Die Oberfläche des Materials ist sehr unterschiedlich. Manche Flächen sind glatt und ohne Schatten, andere sind sehr rauh und wirken durch Schattenwurf und Lichtreflexion dunkel oder hell.

Die einheitliche Wirkung wird also weniger durch die Gleichheit von Farbe und Oberfläche des Materials, als vielmehr durch die Dominanz einer Farbe, durch die einheitliche Textur des Materials, also der Erde, erzeugt. Trotz der Vielzahl der Farbnuancen und der unterschiedlichen Materialoberflächen würde die Einheitlichkeit eher dazu beitragen, die Orientierung zu er-

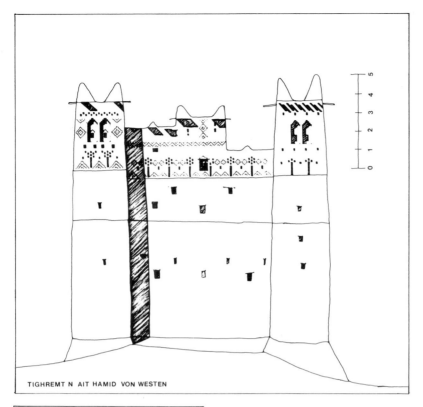

TIGHREMT N AIT HAMID VON WESTEN   z 102

z 103

AIT HAMID   VON OSTEN

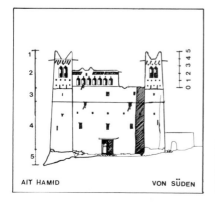

AIT HAMID   VON SÜDEN

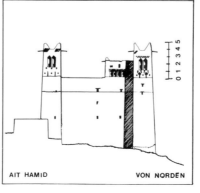

AIT HAMID   VON NORDEN

z 104

z 105

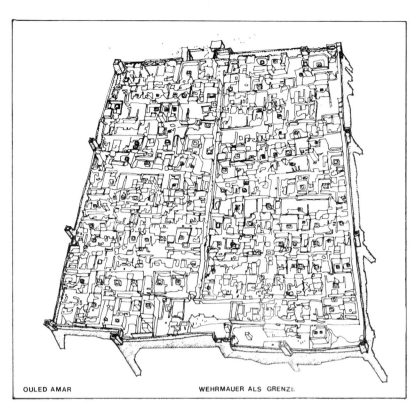

z 106   OULED AMAR   WEHRMAUER ALS GRENZE

z 107

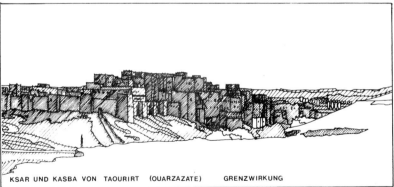

KSAR UND KASBA VON TAOURIRT (OUARZAZATE)   GRENZWIRKUNG

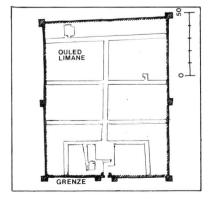

z 108

z 109

BOUKHLAL   GRENZE   OULED LIMANE   GRENZE

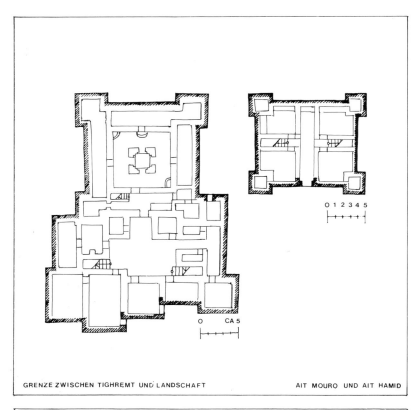

GRENZE ZWISCHEN TIGHREMT UND LANDSCHAFT   AIT MOURO UND AIT HAMID   z 110

z 111

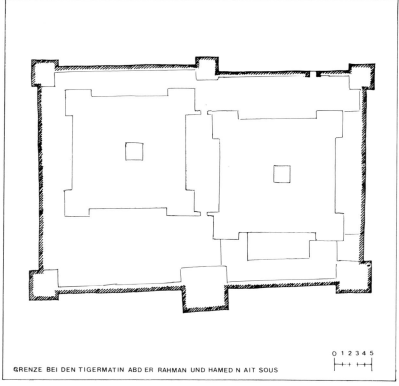

GRENZE BEI DEN TIGERMATIN ABD ER RAHMAN UND HAMED N AIT SOUS

schweren, wenn nicht die hochstehende südliche Sonne deutliche Konturen und harte Grenzlinien zwischen Hell und Dunkel zeichnete, die Oberflächenstrukturen erkennbar machte und trotz aller Einheitlichkeit Orientierung ermöglichte. Bei den zahlreichen regnerischen und vor allem nebligen Tagen in Mitteleuropa wäre eine so weitgehende Einheit von Landschaft und Siedlung, von Stadtboden und Gebäude, von Erde und Wand infolge des hier vorherrschenden diffusen Lichts nicht unbedingt positiv. Jeder Mitteleuropäer weiß, wie schwer z.B. die Orientierung an einem nebligen Wintertag sein kann.

Z 102-105 Ein besonders interessantes Beispiel für die "differenzierte" Einheitlichkeit an einem Gebäude bietet der Tighremt der Ait Hamid in Ait el Arbi. Es lassen sich in der Vertikalen nicht weniger als fünf voneinander unterschiedene Zonen feststellen. Die unterste Zone besteht aus Naturstein. Die beiden nächsten Wandzonen bestehen aus Stampferde, die beiden obersten aus luftgetrockneten, verputzten bzw. unverputzten Ziegeln. In der Zone über den Natursteinen wurde die Erde, wie sie vorgefunden wurde, als Stampferde verarbeitet. Die rauhe Oberfläche wirkt durch Schatten und Lichtreflexe sehr lebendig. In der darüberliegenden Zone wurden größere Steine vor dem Einbau aus der Lehmerde entfernt. Die Oberfläche ist dort wesentlich feiner, glatter und weniger lebendig. Die vierte Zone, untere Zone des luftgetrockneten Ziegelmauerwerks wurde mit einem weißrosa Putz versehen. Dieser Putz unterscheidet sich von den anderen Zonen vor allem durch seine Farbe. Die Zinnen der Türme der fünften und obersten Zone sind unverputzt. Sie unterscheiden sich sowohl durch die Struktur des Mauerwerks als auch durch die Farbe von den darunterliegenden Zonen. Während bei den drei unteren Bereichen sicherlich konstruktive Notwendigkeiten zur Untergliederung geführt haben, bringt der Putz der vierten Zone ebenfalls konstruktive Vorteile, seine weißrosa Farbe ist aber auch gestalterisch gewollt.

Die verputzten Zinnen über dem Tamesrit lassen den Schluß zu, daß auch die Turmzinnen ursprünglich verputzt gewesen sein könnten. Es waren allerdings keine Putzreste festzustellen.
Die Dominanz eines Materials, einer Farbe und die gleiche Textur der Farben bzw. der durch Lichtreflexion und Schattenbildung verschiedener Oberflächen hervorgerufene unterschiedliche Helligkeitsgrad führt zur "differenziert" einheitlichen Gesamtwirkung.

6.2. Grenzen zwischen Wohnung, Siedlung und Landschaft

a 127 Weitere, allerdings weniger durchgängige Merkmale der Gestalt sind die markanten Grenzen zwischen innen und außen, zwischen Licht und Schatten, zwischen Oase und Wüste.

Z 106-109 Die Grenze zwischen bewässerter und nichtbewässerter Fläche, zwischen reicher Vegetation und vegetationsloser Schotterwüste ist abrupt. Ebenso übergangslos ist die Grenze zwischen Ksar und Landschaft, zwischen Ksarhaus und Gasse, zwischen verschiedenen Ksour oder zwischen verschiedenen Ksarhäusern. Ksarhäuser sind introvertiert. Übergangszonen zwischen innen und außen öffnen sich nach oben. Vielleicht sind die Eingangshöfe mancher Ksour als Übergangszonen zwischen innen und außen zu betrachten.

z 110] Weniger markant als bei Ksarhaus und Ksar sind in der Regel die Grenzen zwischen Tighremt und Landschaft. Stark gegliederte, niedere Anbauten und Höfe bilden oft Zwischenzonen, die zwar ebenfalls nach außen abgeschlossen sind, aber eben doch Zwischenzonen zwischen innen und außen, hoch und nieder, zwischen Privatheit und Öffentlichkeit bilden. Die beiden Tigermatin der

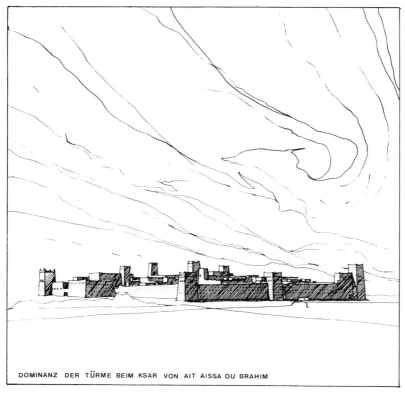

DOMINANZ DER TÜRME BEIM KSAR VON AIT AISSA OU BRAHIM

z 112

z 113

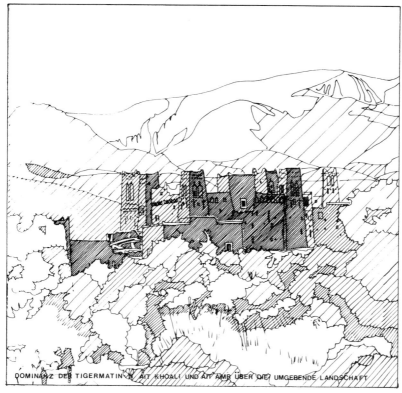

DOMINANZ DER TIGERMATIN IN AIT KHOALI UND AIT AMR ÜBER DIE UMGEBENDE LANDSCHAFT

z 114 DOMINANZ DER TIGERMATIN N AIT HAMID, AIT AMR UND AIT KHOALI ÜBER AIT EL ARBI

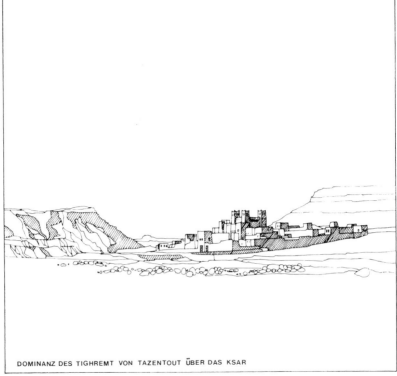

z 115 DOMINANZ DES TIGHREMT VON TAZENTOUT ÜBER DAS KSAR

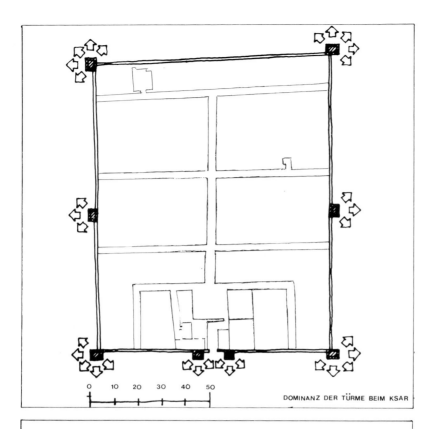

DOMINANZ DER TÜRME BEIM KSAR   z 116

z 117

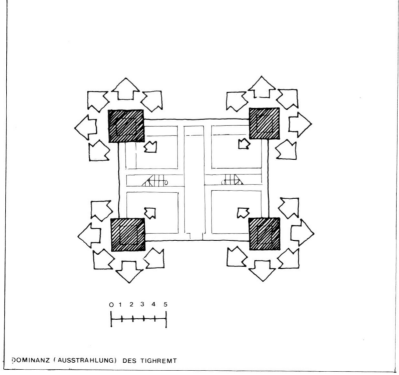

DOMINANZ (AUSSTRAHLUNG) DES TIGHREMT

z 111   Hamed und Abd er Rahman n Ait Sous sind ebenfalls von einer Mauer mit wenigen niederen Anbauten umgeben. Diese sind jedoch weniger frei angefügt, so daß die Umrißlinie der der Ksour sehr ähnelt.

z 110r   Auch um die Mehrzahl der geschlossenen Tigermatin sind niedere Anbauten und Höfe angeordnet. Beim Tighremt der Ait Hamid haben bis 1975 Anbauten aller Art gefehlt. Die Grenze zwischen innen und außen ist hier abrupt.

Die Anbauten und Höfe sind bei allen Tigermatin niederer als die Hauptgebäude. Sie vermitteln zwischen der Höhe der Tigermatin und der Umgebung. Die harte Grenze zwischen Gebautem und umgebender Landschaft, die bei den Ksour als eine gestalterische Begleiterscheinung ihrer Wehrhaftigkeit zu verstehen ist, ist beim Tighremt nur noch Reminiszenz an die ursprüngliche Wehrhaftigkeit des Ksar. Die funktional und gestalterisch vermittelnden Anbauten und Höfe bei den Tigermatin sind Zeugen für die Entwicklung von der zwingend erforderlichen Gestalt der harten Grenze beim Ksar zum zwar zunächst noch übernommenen, aber nicht mehr materiell funktional bedingten Gestaltungsmerkmal "Grenze".

6.3. Dominanz der Türme

Ein weiteres wesentliches Element der Gestalt von Ksar und Tighremt sind die Türme.

z 112, z 116   Die Wehrhaftigkeit der Ksour erforderte Türme, die die Wehrmauern in Grund und Aufriß überragten, um Ausschau über das Land halten zu können, vor allem aber, um die Außenseiten der Wehrmauern im Kriegsfalle kontrollieren zu können. Zugleich wirken diese Türme bereits bei den Ksour, sehr viel ausgeprägter aber bei den Tigermatin als "Symbol" der Wehrhaftigkeit und damit der Macht, beruhigend nach innen und distanzgebietend nach aussen. Die dominierende Wirkung der Türme wird durch Zinnen und ornamentalen Schmuck an den höher gelegenen gemauerten Teilen der Türme unterstützt. An der Wehrmauer zwischen den Türmen fehlen Zinnen und Ornamente. Besondere Bedeutung kommt durch ihre Stellung den Ecktürmen zu.

Bei den Tigermatin gibt es nur Ecktürme. Türme und Zwischenfassade sind in der Regel höher als beim Ksar. Maße und Proportionen der Tigermatin machen in Verbindung mit der Wirkung der Türme und dem Reichtum der Dekoration die Tigermatin als Ganzes
z 113-z 115   zu Dominanten in der umgebenden Landschaft. Die Wirkung der
z 117   Türme beim Tighremt oder des Tighremt als Ganzes ist fast ausschließlich als Symbol wirtschaftlicher oder sozialer Macht zu verstehen. Die Türme des Ksar sind ein Teil seiner Verteidigungsanlagen, seiner Macht. Die des Tighremt stellen zusammen mit dem Reichtum der Dekoration wirtschaftliche oder soziale Macht dar. Die Stellung der Türme des Ksar ist die zwingende Folge materiell funktionaler Notwendigkeit. Die Anordnung von Türmen beim Tighremt ist zum einen als Folge der Überlieferung, zum anderen und vor allem als Folge des Willens nach Selbstdarstellung der Bewohner der Tigermatin zu verstehen.

6.4. Proportionen und Raster

6.4.1. Proportionen

Fast alle befragten europäischen Kollegen haben die äußeren Dimensionen der Tigermatin anhand von Fotos und vor Ort überschätzt. Die Bezugsgrößen, die eine Vorstellung vermitteln können, sind Schalungsfugen, Fenster, Dekoration und

91

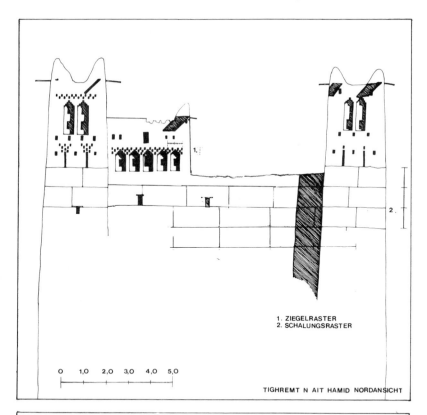

1. ZIEGELRASTER
2. SCHALUNGSRASTER

TIGHREMT N AIT HAMID NORDANSICHT   z 118

z 119

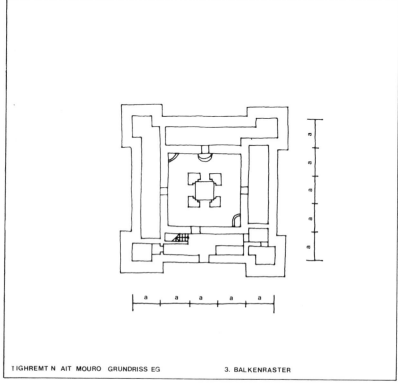

TIGHREMT N AIT MOURO GRUNDRISS EG   3. BALKENRASTER

eventuell Turmbreiten.

Die Tigermatin Ait el Arbis stehen oberhalb der Oase, so daß ein direkter Vergleich zu Bäumen und Stauden nicht möglich ist. Die imposante Felskulisse im Hintergrund läßt die Gebäude vermutlich größer erscheinen, als sie tatsächlich sind. Darüber hinaus sind die landwirtschaftlich genutzten Felder, aber auch die Bäume wesentlich kleiner, als man sie schätzt. Größere Bäume fehlen. Für Europäer werden somit die Fenster die einzigen maßstabbildenden Einheiten, deren Größe sie zu kennen glauben. Diese Fenster sind aber in Wirklichkeit sehr viel kleiner als bei mitteleuropäischen Bauten. Es liegt also nahe, daß man sich verschätzt. Es ist anzunehmen, daß dies den Einwohnern Südmarokkos nicht widerfährt. Die Größenverhältnisse sind ihnen vertraut.

Auch die Dimensionen der Ksour, die nicht in unmittelbarer Nachbarschaft oder gar inmitten von Oasen liegen, sind schwer zu beurteilen. Außer dem Eingangstor sind als einzige Öffnungen lediglich ein paar Schießscharten und Pechnasen an den Türmen zu finden. Die Wehrmauern sind fensterlos. Die Schalungsfugen und die nachträglich geschlossenen Öffnungen, durch die beim Aufbau der Wehrmauer die Traghölzer der Schalung gesteckt waren, sind zwar ebenso maßstabbildende Gestaltelemente wie die Dekoration an den Türmen und die Türme selbst. Auch sie sind jedoch dem Europäer fremd. Ohne die intuitive oder die intellektuelle Kenntnis dieser oder anderer Einzelgrößen, also ohne bekannte Bezugsmaße, ist eine Beurteilung der Gesamtgröße jedoch nur schwer möglich. Auch hier werden die tatsächlichen Maßverhältnisse eher über- als unterschätzt.

6.4.2. Raster

z 118
z 119

Das Schalungsmaß der Kletterschalungen, das Maß der Ziegel und die Spannweite der Deckenbalken bilden drei unterschiedliche Raster, die miteinander Maß und Ordnung der Bauten bestimmen. Die unteren Zonen von Tighremt und Ksarhaus setzen sich in Breite und Höhe innerhalb gewisser Toleranzgrenzen aus einem Mehrfachen des Schalungsmaßes zusammen. Die oberen Wandzonen und die Wanddekoration werden in Breite, Höhe und Tiefe vom Maß der Ziegel bestimmt und durch ein Vielfaches des Ziegelmaßes gebildet. Die Raumbreiten frei überspannter Rechteckräume ergeben sich aus den Spannweiten der Hauptbalken. Bei größeren Räumen sind die Decken im Abstand der Spannweiten der Balken unterstützt. Die Raummaße setzen sich somit zumeist in beiden Richtungen aus dem Einfachen oder Vielfachen der Spannweiten der Balken zusammen (siehe Moschee beim Ksar von Ouled Limane). Diese drei gestaltwirksamen Raster sind primär konstruktiv bedingt.

6.5. Ornament

Träger des Ornaments sind bei den Tigermatin nach außen die oberen Zonen der Türme und der Zwischenfassaden, die Türbalken, Türen, Türklöppel und Schlüssel, die Fenstergitter aus Holz oder Eisen. Im Inneren sind es vor allem die Decken der Tamesrit, und bei den Hoftypen die Arkaden zu den Höfen. Vereinzelt ist ein bewußt gestaltetes Türgewände oder eine gemalte symbolhafte Darstellung an einer Innenwand zu finden.

Das Ksarhaus ist meistens nach außen schmucklos, allenfalls an der Eingangstür und zuweilen bei Fenstergittern sind Schmuckelemente zu finden. Wie bei den Hoftypen der Tigermatin, sind jedoch die Bögen zu den Innenhöfen mit Ornamenten geschmückt. Auch der Tamesrit im Obergeschoß ist zum Teil ornamentiert.

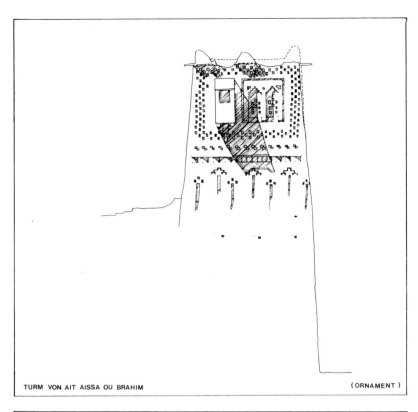

TURM VON AIT AISSA OU BRAHIM (ORNAMENT) z 120

z 121

TURM DES TIGHREMT HAMED N AIT SOUS (ORNAMENT)

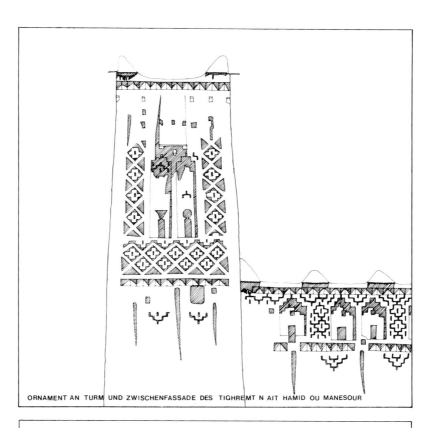

z 122 ORNAMENT AN TURM UND ZWISCHENFASSADE DES TIGHREMT N AIT HAMID OU MANESOUR

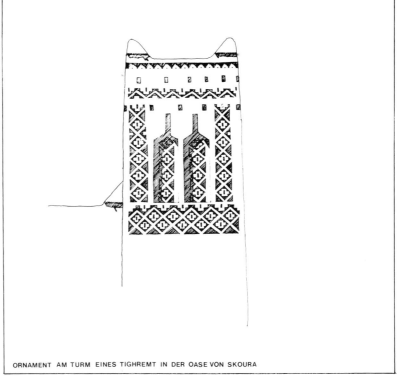

z 123 ORNAMENT AM TURM EINES TIGHREMT IN DER OASE VON SKOURA

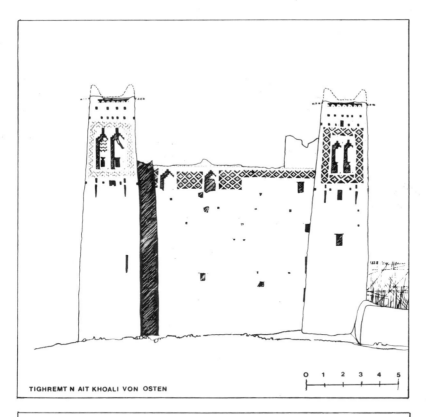

TIGHREMT N AIT KHOALI VON OSTEN

z 124

z 125

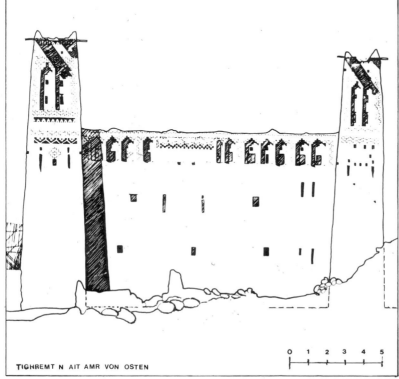

TIGHREMT N AIT AMR VON OSTEN

TOR ZUM KSAR VON AIT AISSA OU BRAHIM

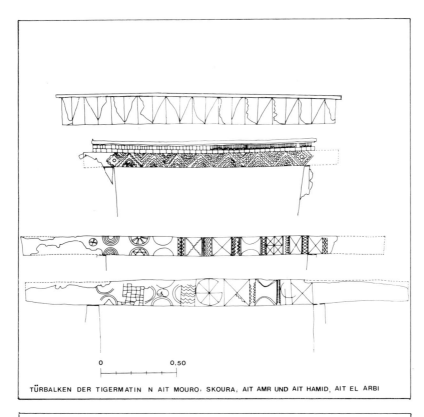

TÜRBALKEN DER TIGERMATIN N AIT MOURO, SKOURA, AIT AMR UND AIT HAMID, AIT EL ARBI

z 127

z 128

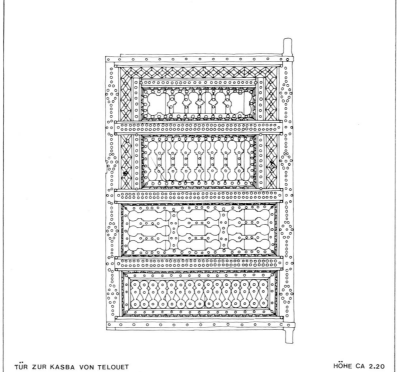

TÜR ZUR KASBA VON TELOUET

HÖHE CA 2.20

z 129

DETAIL DER TÜR VON TELOUET

z 130

DETAIL DER TÜR VON TELOUET

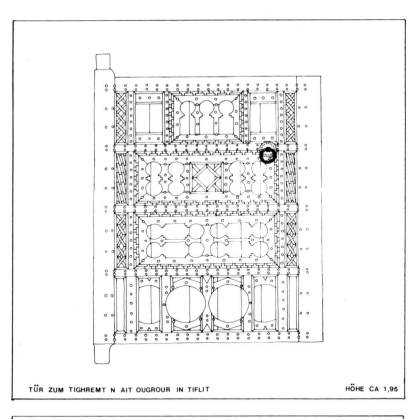

TÜR ZUM TIGHREMT N AIT OUGROUR IN TIFLIT   HÖHE CA 1,95   z 131

z 132

TÜR ZUM TIGHREMT N AIT HAMID IN AIT EL ARBI

Bei den Ksour beschränkt sich der Schmuck auf die Wehrtürme und auf das Eingangstor. Die Mauer zwischen den Türmen besteht in der Regel ganz aus Stampferde und ist nicht ornamentiert.

a 128, a 129

a 130

Fast ausnahmslos handelt es sich um zumeist einfache geometrische Ornamente, die man ebenso an Töpferwaren, auf Schmuck, bei der Tätowierung der Frauen oder bei der Haartracht von Kindern, vor allem aber bei Stoffen und Teppichen wiederfinden kann.

a 131

Sehr selten, wie z.B. bei der Decke des Tamesrit im Tighremt der Ait Ougrour in Tiflite oder auch bei manchen Türklopfern, lassen sich organische Ornamente finden. Diese sind jedoch nicht typisch für die Region und ganz offensichtlich arabisch städtisch geprägt.

z 120-z 123
z 124, z 125

a 132

a 133

Ursprünglich ist die Fassadendekoration ein Basrelief, das durch die Form und Verlegeart der luftgetrockneten Ziegel gebildet wird. Die Ziegel werden mit Abstand versetzt oder springen zurück, wobei vier grundsätzlich unterschiedliche Verlegearten vorzufinden sind: die horizontale, die diagonal-horizontale, die vertikale und die diagonal-vertikale. Diese vier Verlegearten lassen einzeln oder in Kombination, durch Fugenbildung breitere oder höhere Rücksprünge, vielfältige geometrische Ornamente, wie Schachbrett, Rauten, stehende und liegende Dreiecke, Zick-Zackleisten, Sägezahn, Kreuzblumen, positive und negative Umrahmungen und viele andere Ornamente entstehen. Kein Ornament ist geschwungen oder rund. Die Ornamente sind einfacher als aus gebrannten Ziegeln hergestellte, die z.B. an der nordöstlichen Grenze der Sahara in Metameur und Nefta finden. Sie sind wesentlich einfacher als die des arabischen Marokko oder des maurischen Spanien, von denen sie sich nach Henri Terrasse ableiten sollen. In neuerer Zeit finden sich auch Fassadendekorationen, die nur noch aus Fugen im Putz bestehen.

z 126

Ein schönes Beispiel für den reichen Schmuck am Lehmgewände des Eingangstores eines Ksar bietet Ait Aissa ou Brahim. Besonders bemerkenswert sind dabei die halbrunden Säulen, die auch beim Schmuck der Innenhöfe von Tighremt und Ksarhaus zuweilen zu finden sind.

z 127
a 134
a 135

Auch die Wand oberhalb der Türbalken von Tigermatin ist ab und zu ornamental geschmückt. Die Türbalken sind wie bei den Tigermatin der Ait Hamid und Ait Amr mit geometrischen Ornamenten, zum Teil aber auch mit symbolhaften Darstellungen, wie z.B. den "Sandalen des Propheten" versehen. Ornamente und Symbole sind eingeritzt, eingeschnitzt, eingebrannt, in seltenen Fällen aufgemalt.

z 128, z 131

z 129, z 130

z 132

a 136

Die Türen sind häufig aufgedoppelt, wobei mit der Aufdopplung ebenfalls geometrische Ornamente gebildet werden. Bei der Tür zur Kasbah von Telouet sind auf den zurückliegenden Bohlen zusätzliche, verfeinernde, aus Zirkelschlägen und Geraden zusammengesetzte Ornamente eingebrannt. Bei der Tür zum Tighremt der Ait Ougrour von Tiflite sind Ornamente, die sich ebenfalls aus Zirkelschlägen ergeben, aufgemalt. Die lineare Technik des Einbrennens und die flächige Technik des Aufmalens bringen dabei unterschiedliche Wirkungen bei gleichen Grundformen hervor. Diese Türen sind wesentlich reicher mit geometrischen Ornamenten unterschiedlichen Feinheitsgrades und zahlreichen Ziernägeln geschmückt als die Eingangstür zum Tighremt der Ait Hamid in Ait el Arbi. Doch folgt diese Tür dem gleichen Prinzip der Aufdopplung. Die Anordnung der Ziernägel weist übrigens auf eine innenliegende zusätzliche Queraussteifung hin, die bei den beiden anderen Türen fehlt. Das Fünfeck im rechten oberen Geviert der Tür ist sicher nicht ursprünglicher Bestandteil des Schmuckes der Tür gewesen. Von Interesse ist es, weil es für die magische Zahl fünf (Khamsa) steht, ein Symbol, das als Fluch oder

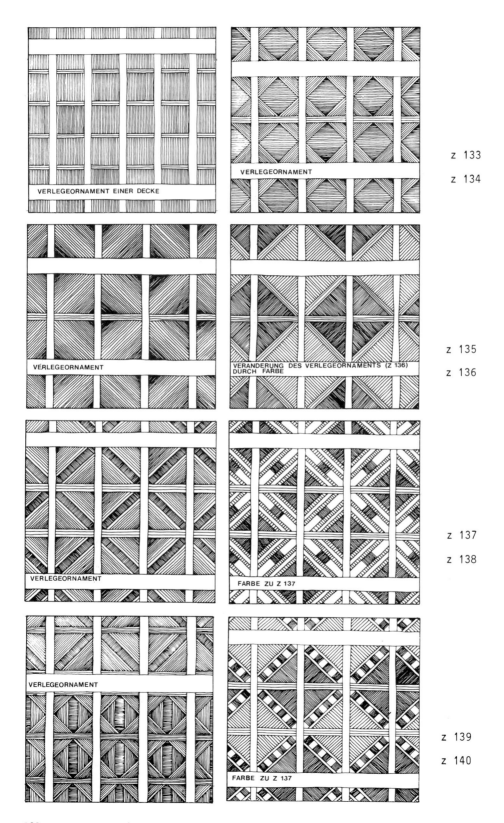

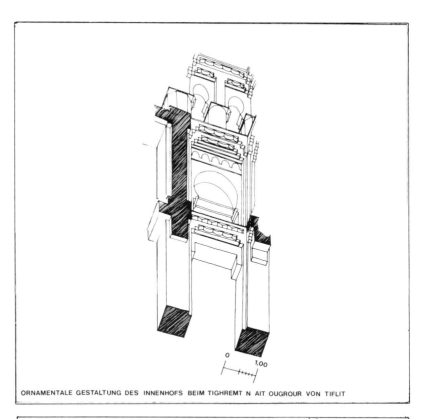

z 141 ORNAMENTALE GESTALTUNG DES INNENHOFS BEIM TIGHREMT N AIT OUGROUR VON TIFLIT

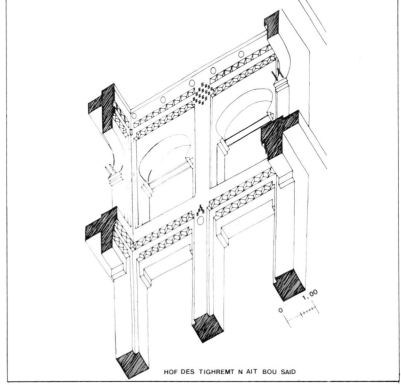

z 142 HOF DES TIGHREMT N AIT BOU SAID

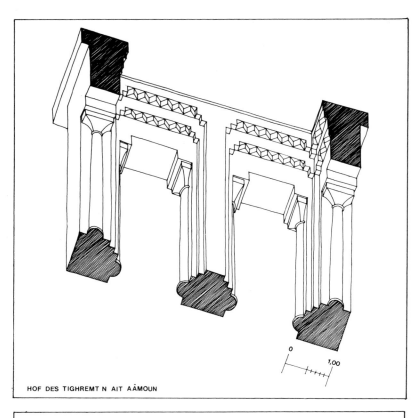

HOF DES TIGHREMT N AIT AÂMOUN

z 143

z 144

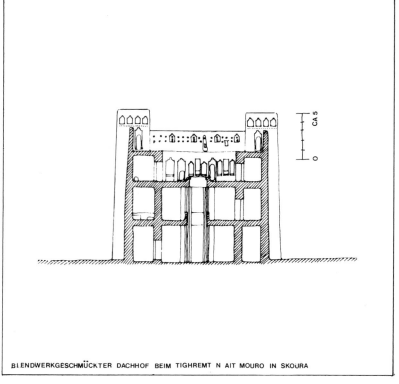

BLENDWERKGESCHMÜCKTER DACHHOF BEIM TIGHREMT N AIT MOURO IN SKOURA

Abwehrzauber wirkt wie die Hand oder das Kreuz.

Schließlich ist noch auf die einfachen geometrischen Ornamente am Türklopfer und Schlüssel hinzuweisen. Türklopfer und Schlüssel bestehen hier aus Eisen, in das die Ornamente eingepunzt sind. Die Fenstergitter sind in dieser Region fremd. Nach D. Jacques Meunié sind sie in der Regel aus Marrakech oder anderen Städten importiert worden.

a 137

Im Inneren der Tigermatin und Ksarhäuser sind, wenn überhaupt, nur zwei Bereiche durch ornamentalen Schmuck hervorgehoben. Dies sind bei den geschlossenen Tigermatin die Decken der Tamesrit und bei den Hoftypen und Ksarhäusern die Arkaden zu den Innenhöfen und seltener ebenfalls die Decken.

a 138

Die Konstruktion dieser Decken wurde bereits in Kapitel 5 beschrieben. Aus gestalterischer Sicht ist von Interesse, wie sich durch die Verlegeart, z.B. im Tamesrit des Tighremt der Ait Hamid oder in dem der Ait Khoali reizvolle Ornamente ergeben, die durch diagonal verlegte Bambusstäbe verschiedener Längen und Durchmesser entstehen. Diese Verlegeart scheint weit verbreitet zu sein, wie andere Beispiele bestätigen. Auch bei neueren Bauten werden die Decken der "salons" ähnlich verlegt. Die Oberfläche des Bambus ist glatt, matt glänzend und kontrastiert zur rauhen und stumpfen Oberfläche der lehmigen Wand. Sowohl bei der Decke im Tamesrit des Tighremt der Ait Khoali, bei einem Beispiel im Anti-Atlas, als auch bei manchen neueren Bauten sind die Decken bemalt. Durch diese Bemalung wird das geometrische Verlegemuster in seiner Wirkung betont, verfeinert, überspielt. Während bei den traditionellen Beispielen die Farben braunrot, goldocker und schwarz vorherrschen, kommen bei den neueren Beispielen alle Farben vor, die die chemische Industrie produziert. Ein atypisches Beispiel der Konstruktion, vor allem aber der Dekoration von Decken bietet der Tighremt der Ait Ougrour von Tiflit. Die Decke ist vertäfelt. Balken und Vertäfelung sind bemalt. Einzelne Felder sind geometrisch ornamental gestaltet, andere haben organische Formen. Noch andere bewegen sich auf der Schwelle zwischen geometrischer und organischer Form. Moh'ammed gou Ouaouzguite, der diese Decke um 1887 gestaltet hat, hat in seiner Jugend in Marrakech gearbeitet und erst später seine Kunst in den Süden Marokkos getragen.

z 133-z 135
z 137, z 139

z 138, z 140

z 136

a 139

Der Schmuck der Höfe ähnelt dem, den wir beim Eingangstor zum Ksar der Ait Aissa ou Brahim bereits gesehen haben. Auch hierfür bietet der Tighremt der Ait Ougrour in Tiflite ein sehr schönes Beispiel, von dem D. Jacques Meunié sinngemäß sagt, daß sich gerade bei der Gestaltung der Höfe städtisch-arabische und ländlich-berberische Architektur zu einer Einheit verbindet. Die Höfe der Tigermatin der Ait Bou Saîd und der Ait Aâmoun, beide ebenfalls im Stammesgebiet der Ait Ougrour, ähneln dem Hof im Tighremt von Tiflite in Charakter und Ornament. Diese Höfe sind allerdings auf zwei Achsen erweitert.

z 141

a 140

z 142, z 143

a 141

Schließlich ist noch auf die Dachhöfe zu verweisen, die zum Teil durch Blendwerk geschmückt sind, wie beim Tighremt der Ait Mouro in Skoura.

z 144

6.6. Räumliches Gefüge

6.6.1. Ordnungsprinzip des Gefüges

Die klare Grenze zwischen innen und außen, die Wehrmauern, führen zu einer genau bestimmten, verfügbaren Fläche in den Ksour. Ksarhäuser, Gassen, Plätze, die Jemâa und das Hamam teilen sich in diese Fläche. Das Ksar besteht also aus einer räumlich vor-

KSAR VON OULED AMAR

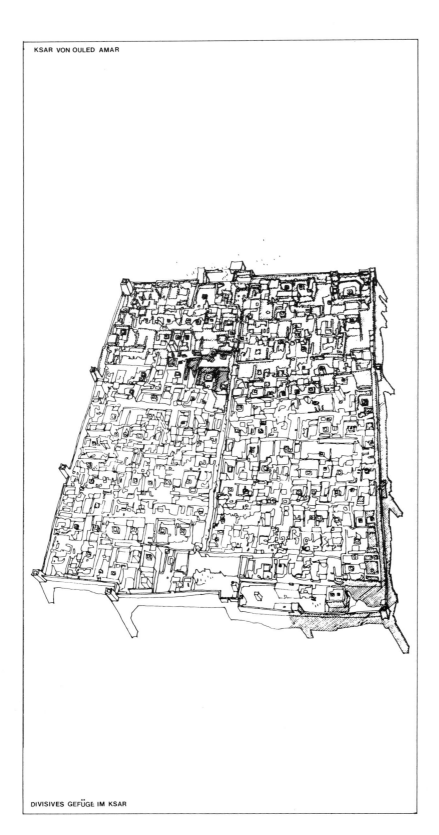

z 145

DIVISIVES GEFÜGE IM KSAR

z 146
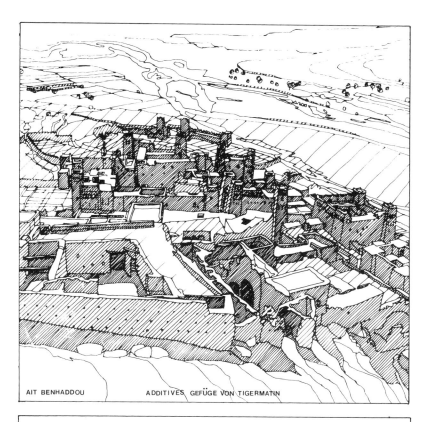
AIT BENHADDOU — ADDITIVES GEFÜGE VON TIGERMATIN

z 147

AIT BENHADDOU

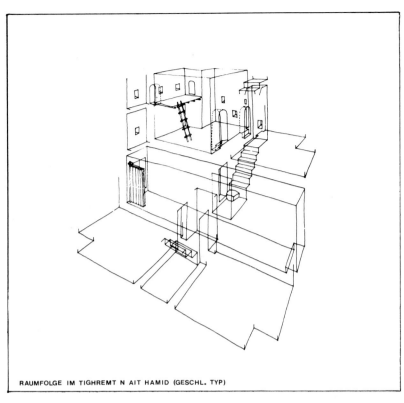

RAUMFOLGE IM TIGHREMT N AIT HAMID (GESCHL. TYP)   z 148

z 149

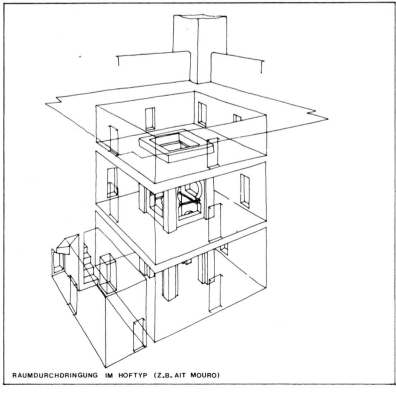

RAUMDURCHDRINGUNG IM HOFTYP (Z.B. AIT MOURO)

bestimmten Großform, die in einzelne räumliche und funktionale Elemente unterteilt ist. Das Ksar ist in seinem Grundriß divisiv gefügt. Nur die Türme sind additiv an die Außenseite der Großform "Ksar" angefügt. Zum Teil überragen die Türme die Wehrmauern im Grundriß nach außen und nach innen. Dem Ksarhaus wurde eine klar begrenzte Fläche zugewiesen, die vom jeweiligen Nutzer in verschiedene räumliche Teilbereiche untergliedert wurde. Auch das Ksarhaus ist in seinem Grundriß divisiv gefügt.

z 145
a 141a

Einzelne Ksour sind, wenn auch zum Teil mit geringem Abstand, additiv nebeneinander gesetzt. Sie fließen nicht ineinander.

Das Ordnungsprinzip des räumlichen Gefüges bei den offenen und geschlossenen Tigermatin ist differenzierter und weniger eindeutig.

Die Mehrzahl der geschlossenen Typen setzt sich aus zwei oder mehr Wohneinheiten zusammen, die den verfügbaren Raum innerhalb der gemeinsamen Außenwand anteilig belegen, also auch divisiv gefügt sind. Die offenen Tigermatin bestehen in der Regel nur aus einer Wohneinheit, die den Ksarhäusern ähnelt. Die Türme der Tigermatin sind wie bei den Ksour additiv angefügt. Im Laufe der Entwicklung enstandene niedere Anbauten und Höfe sind ebenfalls additiv angefügt. Bereits mit dem Ausbruch der Erbauer der Tigermatin aus den Ksour wird das Prinzip des Wohnens in einer größeren Gemeinschaft aufgegeben zugunsten eines individuelleren Wohnens. Das aus der Wohnform abgeleitete Ordnungsprinzip des divisiven Fügens beim Ksar wird durch das Nebeneinander mehr oder weniger zahlreicher Tigermatin, also durch ein additives Gefüge, ersetzt.

z 146, z 147
a 141b

6.6.2. Raumzonen, Raumfolgen, Raumdurchdringungen

Bei den geschlossenen Tigermatin sind die einzelnen Räume klar voneinander abgegrenzt. Lediglich auf den Dachterrassen sind zum Teil fließende Übergänge zwischen überdachten und nicht überdachten Räumen anzutreffen. Die Räume sind nahezu ungegliedert. Raumzonen sind wenig ausgeprägt. So werden im Tighremt der Ait Hamid allenfalls in den Wohnräumen des ersten Obergeschosses durch die einspringende Ecke des jeweiligen Turmes und die Einfügung einer Galerie in zwei Meter Höhe unterscheidbare Raumzonen gebildet.

z 148

Die deutliche Abtrennung der einzelnen Räume voneinander führt zu einer Raumfolge, die vor allem in der Bewegung erfaßt wird.

Zunächst betritt man beim Tighremt der Ait Hamid von der Südseite einen langgestreckten niederen Eingangsraum. Etwa von der Mitte dieses Raumes betritt man nach einer Drehung um 90° eine der beiden steil ansteigenden, geradläufigen, meterbreiten Treppen, von deren oberem Podest nach einer abermaligen 90°-Drehung die vier Meter hohen, nahezu quadratischen Wohnräume erreicht werden. Die Räume unterscheiden sich voneinander durch ihre Maßverhältnisse, durch die mehr oder weniger starke Ausprägung einer Richtung, dem daraus folgenden statischen bzw. dynamischen Charakter der Räume, durch die Art der Lichtführung und durch die Menge des Lichts.

z 149

Die Hoftypen verfügen ebenfalls über einzelne eindeutig begrenzte Räume, die an der Außenwand liegen. Charakteristisch für den Hoftyp ist jedoch der Zentralraum, der horizontal und vertikal mehrfach gezont ist, der seine Besonderheit aus der Durchdringung des zumeist engen hohen Hofes mit den niederen Ebenen der Zentralräume bezieht. Am Beispiel des Tighremt der Ait Mouro ist zu sehen, wie sich der Hof im zweiten Obergeschoß bis zu den Zwischenwänden und im dritten Obergeschoß bis zur Außenwand

z 150

z 151

aufweitet.

Der archaischen Einfachheit des nahezu ungegliederten, ungeschmückten, allseitig umschlossenen und beinahe dunklen Hauptraumes des geschlossenen Tighremt steht beim Hoftyp der Reichtum des vielfältig gegliederten, vom Hof durchdrungenen, geschmückten und nach oben geöffneten Zentralraumes gegenüber. Während beim geschlossenen Tighremt die Art und Lage der Treppe die Grundrißgliederung des "Mehrfamilienhauses" bestimmt, ergibt sich das Grundrißbild beim Hoftyp, dem "Einfamilienhaus", aus der zentralen Lage des Hofes. Der Art und Lage der Treppe wird beim Hoftyp weniger Aufmerksamkeit geschenkt.

Im Ksar ist eine differenzierte Folge von Räumen, Raumzonen und Durchdringungen anzutreffen. Der Weg in die Siedlung führt durch das geschlossene Eingangsgebäude über den Vorhof durch überdachte und offene Gassen, die sich kreuzen, ringförmig schließen oder als Sackgassen plötzlich enden. Die Räume unterscheiden sich durch ihre Maßverhältnisse, wie z.B. durch die ausgeprägte Dominanz einer Richtung, durch den Grad der Geschlossenheit und durch die Lichtverhältnisse.

Das Ksarhaus entspricht in der Differenziertheit seiner Raumzonen und Raumdurchdringungen weitgehend den Hoftypen der Tigermatin, ohne im allgemeinen deren architektonisches Raffinement zu entwickeln.

6.7. Lichtführung

Im Dratal, einem der Schwerpunkte der Ansiedlung von Ksour, wurden im langjährigen Jahresdurchschnitt nur weniger als 20 Regentage errechnet. Während der meisten Tage des Jahres ist hier, zwischen dem 30. und 31. Grad nördlicher Breite, mit einer steil stehenden Sonne zu rechnen. Dies führt während des größten Teils des Tages und besonders um die Mittagszeit zu extrem harten Kontrasten zwischen Licht und Schatten. Kontrasten, die wie in Absatz 6.2. bereits beschrieben, Grenzen besonders deutlich hervortreten lassen. Die Adaptionsfähigkeit des Auges wird durch diese Kontraste oft überfordert. Auch die rauhe Oberfläche der Gebäudewände vermag durch ein differenziertes Spiel von Licht und Schatten nur wenig zu vermitteln. Häufig aber tritt im Gegenlicht sogar der umgekehrte Vorgang ein, bei dem das direkte Licht die Konturen eines Fensters oder einer Dachöffnung verwischt.

Nirgends tritt dieser Hell-Dunkel-Kontrast deutlicher zutage, als in den abwechselnd überbauten und offenen Gassen der Ksour. Der Weg aus der gleißenden Helligkeit der Schotterwüste in den dunklen Torbau des Ksar, hinaus in das grelle Licht des Vorhofes, in den ersten finsteren Abschnitt einer Gasse, dem nach einigen Metern eine lichtüberflutete Kreuzung zweier Gassen folgt, ist für den Ortsunkundigen ein Tappen ins Ungewisse. Bodenschwellen, Treppenstufen, Richtungsänderungen und andere Hindernisse sind erst nach einiger Gewöhnungszeit im jeweiligen Wegabschnitt zu erkennen. Dies ist für die Bewohner der Ksour, die jede Erhebung, jede Stufe und jede Richtungsänderung von klein auf kennen, kaum ein Problem, für jeden Fremden aber konnte es in kriegerischen Zeiten verhängnisvoll sein. Den Ksarbewohnern bot es auch, wenn die Wehrmauer von Feinden bereits überwunden war, noch Verteidigungsmöglichkeiten, bei denen sie den Vorteil der Ortskenntnis ausnutzen konnten. Es ist nicht anzunehmen, daß dieser sicherlich gewollte Effekt maßgebend für die Überbauung der Gassen war, dafür war weit eher die Enge innerhalb des Ksar verantwortlich, die kaum Erweiterungsmöglichkeiten zuließ.

z 152

Anders zeigen sich demgegenüber die Lichtverhältnisse im Ksarhaus. Nur die Räume über den Gassen beziehen ihr Licht von Fenstern, die zum öffentlichen Raum orientiert sind. Der Zentralraum ist direkt von oben über das Impluvium belichtet. Die angrenzenden Räume sind indirekt über die Tür zum Zentralraum belichtet. Bei kleineren Innenhöfen wird das Tageslicht zum Teil durch Öffnen und Schließen der Dachöffnung gesteuert. Das Licht im Zentralraum reicht vom dämmrigen Halbdunkel in der Mittagszeit eines heißen Sommertages bis zur ausgeglichenen Helligkeit in den Morgenstunden eines kühlen Wintertages. Die selten mehr als zwei auf zwei Meter große Öffnung im Dach reicht aus, um das Gebäude mit genügend Licht zu versorgen. Die Lichtverhältnisse der Nebenräume richten sich nach denen im Zentralraum.

Die Hoftypen der Tigermatin werden wie die Ksarhäuser belichtet. Die Nebenräume sind zusätzlich durch Fenster in der Außenwand belichtet, eine Möglichkeit, die beim Ksarhaus nicht besteht. Diese Belichtung von außen bringt eine stärkere Unabhängigkeit der Nebenräume vom Zentralraum und schafft bereits im ersten Obergeschoß Ausblickmöglichkeiten, die sich beim Ksarhaus allenfalls vom Raum über der Gasse, zuweilen von einem höher als das Dach des Nachbarhauses gelegenen Raum und von der Dachterrasse aus bieten.

Dem Licht der Sonne wird auf zweierlei Art begegnet: durch Steuerung des Lichteinfalles in das Gebäudeinnere beim Zentralraum, und wie in Kapitel 5 beschrieben, durch eine Veränderung des Aufenthaltsortes der Nutzer vom Dachhof zum Inneren des Gebäudes je nach Jahres- und Tageszeit.

Die geschlossenen Tigermatin werden ihrem Typus entsprechend durch kleine Fenster in der Außenwand belichtet. Eine Steuerung des Lichts ist nicht vorgesehen. Das größte Fenster des Tighremt der Ait Hamid, das sich im Tamesrit befindet, ist nicht größer als 60/70 cm.

Beim Durchschreiten der in Absatz 6.6. bereits beschriebenen Raumfolge im Tighremt der Ait Hamid fällt die Lichtführung besonders auf. Wie beim Ksar tritt man aus dem hellen Licht der Gasse vor dem Tighremt in den Eingangsraum des fensterlosen Erdgeschosses, der über die geöffnete Tür belichtet ist. Nur die ersten Meter sind einigermaßen hell, sehr schnell ist man im Halbdunkel der tiefer liegenden Raumzone. Der Treppenraum, im unteren Bereich nahezu schwarz, wird oberhalb des Podestes unvermittelt in Licht getaucht. Bevor sich das Auge an die Helligkeit gewöhnt hat, tritt man schon wieder in das dämmrige Halbdunkel der Wohnräume ein. Selbst hier sind die Kontraste groß zwischen den hellen kleinen Fenstern, zwischen den beinahe weißen Flecken, die das Licht auf Wand und Fußboden zeichnet, den Raum sichtbar machenden Lichtbündeln und den nahezu schwarz wirkenden Wänden, der Decke und dem Fußboden. Auch hier hat man als Ortsunkundiger Schwierigkeiten, sich zu orientieren.

Bei sakralen Bauten kommt es vor, daß auch dunkle Räume geschmückt sind. Die dunklen Innenräume von Profanbauten sind dagegen weitgehend schmucklos. Der Tamesrit auf dem Dach des Tighremt der Ait Hamid ist infolge des größeren Fensters heller und gleichmäßiger ausgeleuchtet als die übrigen Räume. Die ornamentale Ausformung der Decke und die Bemalung ist hier wahrnehmbar. Das große Fenster bietet einen weiten Blick über die Oase, den Reichtum der Bewohner von Tighremt und Ksar.

6.8. Geometrie in Grund und Aufriß

6.8.1. Symmetrie

a 143   Beim Tighremt der Ait Hamid fällt das symmetrische Ebenmaß der

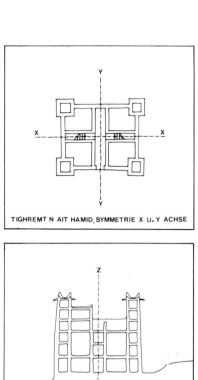

TIGHREMT N AIT HAMID, SYMMETRIE X U. Y ACHSE

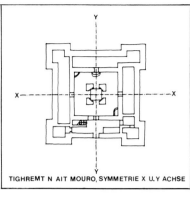

TIGHREMT N AIT MOURO, SYMMETRIE X U. Y ACHSE

z 153

z 154

AIT HAMID, ASYMMETRIE ZUR Z ACHSE

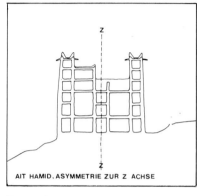

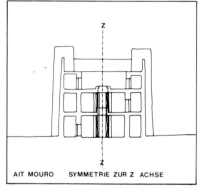

AIT MOURO   SYMMETRIE ZUR Z ACHSE

z 155

z 156

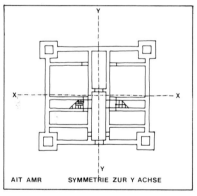

AIT AMR   SYMMETRIE ZUR Y ACHSE

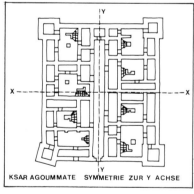

KSAR AGOUMMATE   SYMMETRIE ZUR Y ACHSE

z 157

z 158

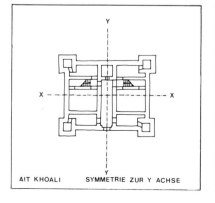

AIT KHOALI   SYMMETRIE ZUR Y ACHSE

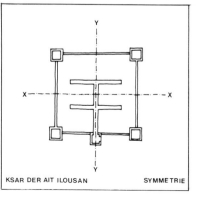

KSAR DER AIT ILOUSAN   SYMMETRIE

z 159

z 160

z 153	Erdgeschoß- und Obergeschoß-Grundrisse auf.
z 157, z 159	Bei den Tigermatin der Ait Amr und der Ait Khoali sind wie bei der Mehrzahl der geschlossenen Tigermatin und auch beim Mikroksar von Agoummate die Grundrisse in einer Richtung symmetrisch.
z 158	
z 154, z 156	Bei den Hoftypen ist häufig eine Symmetrie in allen drei Richtungen anzutreffen. Beim geschlossenen und beim Hoftyp sind allerdings Ausnahmen bekannt.
z 160	Die Lagepläne kleiner Ksour sind ebenfalls häufig symmetrisch oder zumindest ebenmäßig.

Die Anbauten und Höfe sind bei keinem der Tigermatin weder im Grund- noch im Aufriß symmetrisch angeordnet. Auch die Grundrisse der Ksarhäuser sind in der Regel nicht symmetrisch. Häufig sind aber die Massen so ausgewogen, daß man auch hier von Ebenmaß sprechen kann.

z 155

Im Aufriß des Tighremt der Ait Hamid widersprechen sich die gleichgewichtbildende Wirkung der Ecktürme und die ungleiche Höhe und Ausformung der Zwischenfassaden. Die Fassaden sind weder symmetrisch noch ebenmäßig.

Die Aufrisse der Tigermatin der Ait Amr und der Ait Khoali sind wie die Fassaden der meisten Hoftypen jedoch symmetrisch oder nahezu symmetrisch. Die Asymmetrie der Fassaden des Tighremt der Ait Hamid ist wohl atypisch. Vielleicht ist sie auf die Gliederung des Tighremt in mehrere Haushalte zurückzuführen, durch eine spätere vertikale Erweiterung entstanden, worauf auch die sonst schwer verständliche Drehung der Treppe im dritten Obergeschoß in der westlichen Hälfte des Tighremt hindeutet. Das Fehlen der niederen Anbauten beim Tighremt der Ait Hamid, die beim Tighremt der Ait Amr und bei dem der Ait Khoali Teile der wachsenden Familie aufnehmen konnten, spricht ebenfalls für diese Annahme.

Der Aufriß der Ksour ist zwar häufig nicht symmetrisch, doch ist er immer im Gleichgewicht, ebenmäßig und wohl proportioniert.

6.8.2. Form

Grund und Aufriß von Tighremt und Ksar setzen sich in der Regel aus rechtwinkelig oder nahezu rechtwinkelig zueinander stehenden leicht gekrümmten Linien, Flächen und Räumen zusammen.

Die Gurtbögen zu den Innenhöfen von Ksarhaus und Tighremt, zuweilen gemauerte Halbsäulen und Säulen, die die Gurtbögen tragen, Teile des Ornaments auf den Türen, sind die einzigen, wenn auch untergeordneten runden Gestaltelemente an diesen Bauten.

Die Eckzinnen der Türme und die Zinnen mancher Zwischenfassaden bilden Dreiecksformen, die die ausstrahlende Dominanz der Türme unterstreichen. Der Anzug der Außenflächen läßt manche Tigermatin und Ksour in ihrer Vertikalen besonders dynamisch wirken. Dies gilt besonders bei den Türmen, die zuweilen so aussehen, als wären sie aus dem Boden herausgewachsen. Diese Wirkung ist neben der Material- und Farbeinheit zwischen umgebender Landschaft und Gebäude sicherlich auch auf die weichen Linien, besonders aber auf den Anzug der Außenflächen zurückzuführen.

Das Ornament der Fassade setzte sich ursprünglich nur aus horizontalen und vertikalen Linien zusammen. Mit der Einführung des diagonalen Verlegens von Ziegeln wurden auch im Ornament der Fassaden Dreiecksformen möglich. Alle Ornamente sind geometrisch bestimmt.

z 161

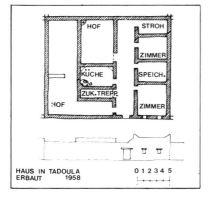

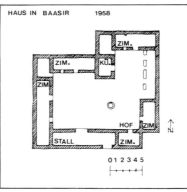

z 162

z 163

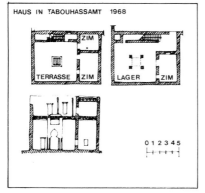

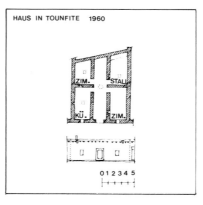

z 164

z 165

7. Heutiger Zustand

7.1. Land und Bevölkerung

a 144
a 145

1920 hatte Marokko noch weniger als 4 Millionen Einwohner. 1970 waren es bereits mehr als 15 Millionen. Eine Prognose für das Jahr 1985 spricht bereits von einem zu erwartenden Mittelwert von knapp 25 Millionen Einwohnern, ohne die Gebiete der ehemali-

a 146

gen spanischen Sahara.

a 147

Casablanca, die größte Stadt des Landes, 1920 mit ca. 20.000 Einwohnern geschätzt, hatte 1970 nahezu 1,5 Millionen Einwohner. Die sprunghafte Bevölkerungszunahme in städtischen Gebieten, vor allem in der industriellen Hauptentwicklungsachse zwischen

a 148

Safi, Casablanca, Mohammedia, Rabat, Salé und Kénitra ist sowohl auf Geburtenüberschuß, als auch auf Wanderungsgewinne aus ländlichen Gebieten zurückzuführen.

a 149

Trotz großer Wanderungsverluste hat jedoch auch die Bevölkerung ländlicher Gebiete erheblich zugenommen.

a 150, a 151

Seit dem Ende des letzten Jahrhunderts hat die traditionelle soziale und politische Ordnung des marokkanischen Südens stetig an bestimmender Wirkung eingebüßt. Sie ist zunächst ergänzt, verändert und dann ersetzt worden durch die wachsende Einflußnahme der Glaua, später der französischen Protektoratsmacht, die ihre sogenannten "Befriedungsfeldzüge" erst 1936 abschloß. Seit dem Ende des Protektorats im Jahre 1956 wurde diese Rolle vom marokkanischen Staat übernommen. Zwar haben auch heute die traditionellen Institutionen, wie die Familie, der Ältestenrat, der Dorfälteste und der Stamm noch einiges Gewicht, wie am Beispiel Ait el Arbis deutlich zu sehen war, die politische Macht liegt aber bei den staatlich organisierten Institutionen, sowohl auf kommunaler Ebene, als auch auf der Ebene von Kreis (Boumalne), Region (Ouarzazate) und Landesteil (Marrakech). Die Familie, wichtigstes Element des traditionellen sozialen Gefüges, verändert ihr Gesicht. 1977 hatten 29 Männer aus Ait el Arbi den Ort verlassen. 10 waren in Frankreich, 15 arbeiteten in Agadir, Oujda, Casablanca und Mohammedia, 3 waren beim Militärdienst, und einer war mit seiner Herde auf der Sommerweide in der Nähe von Beni-Mellal. Mit Ausnahme der vier letztgenann-

a 152

ten arbeiteten sie, wie einer der Eigentümer des Tighremt der Ait Khoali, als ungelernte Arbeiter "mit der Schaufel". Diese "Gastarbeiter" werden in Spanien, Frankreich und Holland, aber auch im Nordwesten Marokkos für die niedrigsten Arbeiten eingesetzt. Ihr soziales Prestige am Arbeitsplatz ist gering. Eine Eingliederung in das soziale Gefüge des Ortes, in dem sie ar-

a 153

beiten, findet nicht statt. "Weit gereist" und "gut verdienend" steht ihr hohes Prestige am Heimatort im krassen Gegensatz zum geringen Ansehen, das sie am Arbeitsplatz genießen.

Frauen und Kinder bleiben dagegen fast immer am Heimatort. Das Oberhaupt der Familie kommt, wenn überhaupt, einmal im Jahr auf kurze Zeit nach Hause.

a 154

Traditionen lösen sich auf, das familiäre Leben im traditionellen Sinne findet nicht mehr statt, Felder und Gebäude verwahrlosen, die traditionelle Form der Ausbildung für die täglichen Bedürfnisse des Lebens innerhalb der Familie entfällt weitgehend.

a 155

Die neu installierten Schulen werden noch nicht regelmäßig oder gar nicht besucht. Die Erziehung der Kinder entgleitet den Eltern. Der Staat konnte sie bisher im Rahmen seiner Möglichkeiten nur zum Teil übernehmen.

Die zivilisatorische Entwicklung der letzten Jahrzehnte nahm vielen Marokkanern den Glauben an ihre eigene Kultur, ihre Wert-

maßstäbe und Ordnungsmechanismen. Diese wurden häufig durch die
Imitation vermeintlich überlegener Vorbilder, vor allem dem der
Protektoratsmacht Frankreich ersetzt.

a 156

7.2. Politische, kulturelle und wirtschaftliche Bedingungen

Trotz enormer Anstrengungen des marokkanischen Staates zur Verbesserung der Infrastruktur im südlichen Marokko, trotz des
Baus zahlreicher Straßen, der Regulierung einiger Flüsse, des
Baus von Stauwehren, Bewässerungskanälen, Schulen, und trotz
zahlreicher anderer Maßnahmen haben sich die Erwerbsmöglichkeiten der Bevölkerung infolge der gleichzeitigen Bevölkerungszunahme eher verschlechtert. Die örtlichen Gegebenheiten und das
Beharrungsvermögen der ländlichen Bevölkerung lassen eine an
modernen Vorbildern orientierte Landwirtschaft, wie z.B. in der
Region von Beni-Mellal, überhaupt nicht oder nur sehr allmählich zu. Trotz der Verfügbarkeit billiger, allerdings ungelernter Arbeitskräfte, fehlen fast alle Voraussetzungen für die Ansiedlung von Industrie. Rohstoffe und Absatzmöglichkeiten sind
nur in sehr bescheidenem Umfange vorhanden. Die Anfahrtswege zu
den Handelszentren des Landes sind weit und beschwerlich. So
bleibt der Tourismus die Neuerung, die zumindest einen bescheidenen wirtschaftlichen Aufschwung mit sich bringt. Doch auch die
Entwicklung des Fremdenverkehrs ist nicht ohne Probleme.

a 157

a 158

a 159

Ein großer Teil der Beschäftigten der staatlichen Hotelkette
Diafa, die zur Förderung des Tourismus in dieser Region gebaut
wurde, ist geschultes Personal, das aus den Städten jenseits
des Atlas kommt. Die Diafa-Hotels sind nur auf wenige Zentren
verteilt. Der überwiegende Teil der Touristen verbringt "auf
der Durchreise" nur einen, höchstens zwei Tage in einem Hotel.
Die Kaufkraft der Touristen führt darüber hinaus zu Preissteigerungen auf den Märkten. Geringfügig verbesserten Erwerbsmöglichkeiten stehen also nicht nur eine stetig wachsende Bevölkerungszahl gegenüber, sondern auch höhere Preise zumindest in
den Zentren der Region. Dies bedeutet eine weitere Verarmung
der Bevölkerung, der es oft trotz aller Bescheidenheit kaum gelingt, sich mit dem Notwendigsten zu versorgen. Die Folge ist
eine zunehmende Wanderungsbewegung in die Ballungsgebiete des
Landes. Es entstehen neue Kanisterstädte am Rande der Städte.
Die Verwaltung von Stadt und Land ist kaum in der Lage, diese
Situation zu meistern.

a 160

a 161
a 162

7.3. Baulicher Zustand

Die vertikale Gliederung der Tigermatin, die Türme, haben ihren
Sinn verloren. Die Wehrhaftigkeit und erst recht das Zurschaustellen einer vermeintlichen Wehrhaftigkeit ist nicht mehr opportun. Die traditionellen Autoritäten haben einen Großteil ihrer einstigen Autorität eingebüßt. Der Bau neuer Tigermatin ist
weder sinnvoll noch finanziell möglich. Die alten Tigermatin
werden nur noch notdürftig unterhalten. Nur wenige sind noch
ganz bewohnt, in den meisten leben wenige alte Leute. Die Tigermatin sind häufig verlassen, halb zerfallen und werden allenfalls noch als Stallungen benutzt. Oft werden die hölzernen
Abdeckungen der Mauern abgenommen und als Brennholz verwendet.
Dem Zerfall der Tigermatin steht nichts mehr im Wege. Die ehemaligen Bewohner haben in einiger Entfernung neue, oft
ebenerdige, um Höfe gruppierte Bauten errichtet, die sich den
heutigen Bedürfnissen weit besser anpassen.Funktional bedingte
traditionelle Gesetzmäßigkeiten der Gestalt sind weitgehend aufgegeben. Konstruktiv bedingte sind nach wie vor erkennbar, aber
weniger ausgeprägt.

a 163
z 161

z 162-z 165

z 166-z 168

z 166

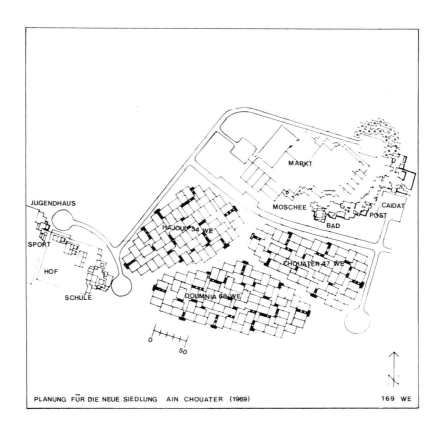

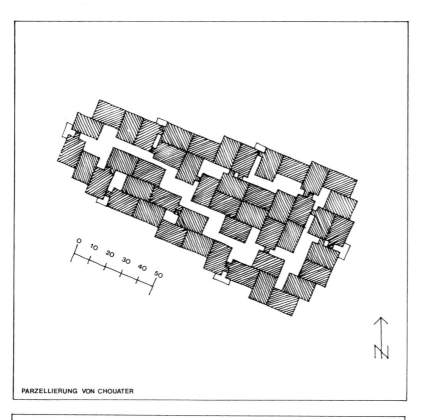

PARZELLIERUNG VON CHOUATER

z 167

z 168

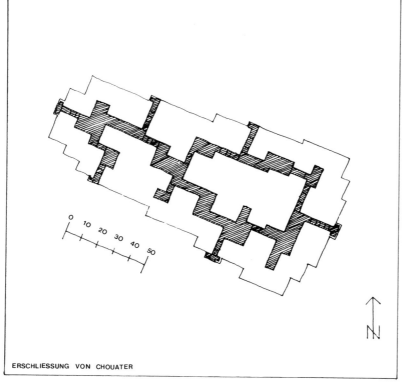

ERSCHLIESSUNG VON CHOUATER

a 164
a 165, z 169-z 174

Die völlige Verlagerung der Verteidigung vom einzelnen Ksar, von der Kommune auf den Staat, von baulichen Sicherungen auf eine bewegliche Truppe, führt endgültig zum Ausbruch aus der Enge der Ksour. Die Grenze der Wehrmauern verliert ihren beschützenden Sinn. Sie wird überflüssig. Die Tendenz der Bewohner, das Ksar zu verlassen, die sich schon beim Entstehen der ersten freistehenden Tigermatin abzeichnete, verstärkt sich gegen Ende der Protektoratszeit sprunghaft. Die Wehrmauern werden von den angrenzenden Ksarhäusern mit großen Fenstern durchlöchert. Neue Häuser werden von außen an die Wehrmauern angebaut. Wehrmauern und Türme werden häufig nicht mehr gepflegt. Die einstige Form der Ksour ist oft kaum noch zu erkennen. Zahlreiche Ksarhäuser werden verlassen, liegen brach und werden zu Ruinen.

z 175

a 166

Die Gesetze des divisiven Fügens, der ausgeprägten Grenzen und der Dominanz der Türme, die den Ksour ihre unverwechselbare Gestalt gaben, haben einem weniger ausgeprägten additiven Fügen, einer vielfach nicht mehr klar erfaßbaren Begrenzung unterschiedlicher Bauten Platz gemacht. Auch hier werden die funktionsbedingten Gestaltmerkmale aufgrund der veränderten Funktionen zwangsläufig aufgegeben. Neue Merkmale sind in Konturen erkennbar, aber noch nicht ausgeprägt. Der Umbruch von einer ausgeformten, über Jahrhunderte gewachsenen sozialen, kulturellen und baulichen Ordnung in eine neue, noch nicht präzise formulierte, auf jeden Fall aber andere Ordnung ist sichtbar. Der jahrhundertealte Zwang zur gemeinsamen Verteidigung jedes einzelnen Ksar führte zu einer strengen, fast militärisch geordneten Gestalt, deren Ordnungssystem die Gemeinsamkeit der Ksarbewohner zum Ausdruck brachte.

Das Entfallen des Drucks von außen führte zum Überquellen des Ksar nach außen, aus der Enge des Eingeschlossenseins, dem Übergewicht der Gemeinsamkeit hinaus in die vermeintlich unbegrenzte Weite der erhofften sozialen, zumindest aber baulichen Freiheit. Dieser offensichtlich unbezähmbare Drang aus dem Ksar hinaus führte vielerorts zum Übergewicht des Individualismus. Er führte in wenigen Jahren zu oft endlosen Agglomerationen kleiner Wohneinheiten ohne ausgeprägte Ordnung, ohne innere und äußere Grenze. Diese Entwicklung ist im gesamten marokkanischen Süden zu beobachten, im Dadėstal ebenso wie am Guir, Dra und Ziz. Die von den Bewohnern sicherlich oft als starr empfundene und wohl auch zuweilen für viele schwer erträgliche soziale und bauliche Ordnung der Ksour ist im Begriff, einer individuellen, sozialen und baulichen Orientierungslosigkeit oder Unordnung Platz zu machen. Der traditionell klar voneinander abgegrenzten, additiv nebeneinander gestellten Folge von Ksour wird ohne planerische Einflußnahme in wenigen Jahren ein zusammenhängendes, nahezu ungegliedertes endloses Band von Siedlungen ohne Zwischenräume, ohne Akzentuierung und ohne Identifikationsmöglichkeit gefolgt sein.

8. Zusammenfassung

8.1. Gegenstand der Untersuchung

Die Untersuchung erstreckte sich auf einige beispielhaft vorgestellte Ksour und Tigermatin im Süden Marokkos. Untersuchungsobjekte bei den Ksour waren vor allem Boukhlal und Ouled Limane. Der Tighremt der Ait Mouro in Skoura wurde für die Hoftypen, der Tighremt der Ait Hamid in Ait el Arbi für die geschlossenen Typen ausführlicher vorgestellt. Anhand zahlreicher Vergleichsbeispiele wurden die Informationen über Ksar und Tighremt untermauert und belegt.

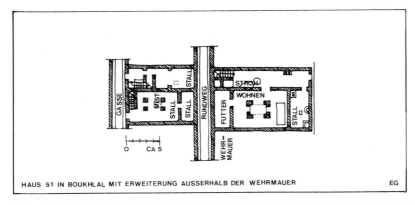

HAUS 51 IN BOUKHLAL MIT ERWEITERUNG AUSSERHALB DER WEHRMAUER   EG

z 169

z 170

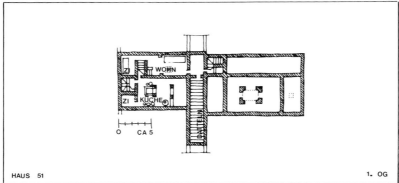

HAUS 51   1. OG

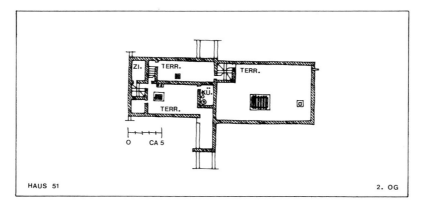

HAUS 51   2. OG

z 171

z 172

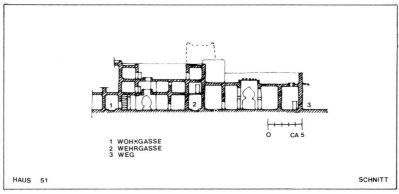

1 WOH*GASSE
2 WEHRGASSE
3 WEG

HAUS 51   SCHNITT

z 173

z 174

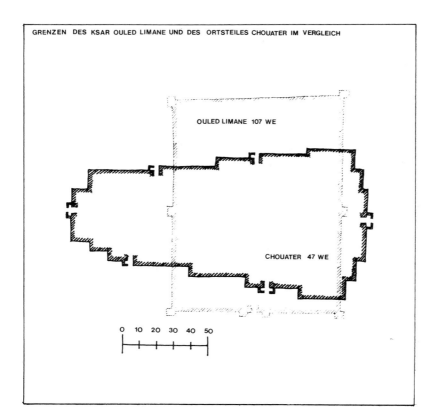

Die Gliederung der Zusammenfassung folgt wieder der Unterteilung in die Kapitel Funktion, Konstruktion und Gestalt. Ein Abschnitt ist dem 7. Kapitel entsprechend dem heutigen Zustand von Ksar und Tighremt gewidmet. Im Gegensatz zu den Hauptkapiteln werden hier keine speziellen Beispiele hervorgehoben. Es werden vielmehr die übergreifenden Gemeinsamkeiten und die grundsätzlichen Unterschiede herausgestellt. Die ausführlichere Untersuchung ist jeweils in den Hauptkapiteln gleicher Bezeichnung zu finden.

8.2. Zusammenfassung und Vergleich

8.2.1. Funktion

8.2.1.1. Das Ksar

Das Ksar ist ein städtebauliches Gefüge, das sich im wesentlichen aus einer mehr oder weniger großen Zahl von Ksarhäusern, den Befestigungsanlagen, den offenen, zum Teil überbauten oder ganz überbauten Gassen, einem Torbau, einem Hamam, oft einer Moschee, einer Jemâa, manchesmal aus kleinen Läden, einem ummauerten Hof für die Tiere, einem Eingangshof und seltener auch einem Tighremt zusammensetzt.

Jedes einzelne dieser städtebaulichen Elemente wird wesentlich durch die Notwendigkeit der gemeinsamen Verteidigung bestimmt.

Das Ksar ist die typische Siedlungsform in den Oasen am Rande der Sahara. Allerdings sind auch in den höheren Lagen des Atlasgebirges, vor allem in der Gegend von Midelt, Ksour anzutreffen.

Ksour liegen am Rande der Oasen, aber auch in deren Mitte.

Es sind zwei grundsätzlich unterschiedliche Erschließungssysteme beim Ksar zu beobachten: das Ringsystem und das Kammsystem. Hierbei handelt es sich jedoch nur um die Hauptgassen. Die Nebengassen sind bei beiden Systemen als Stiche unterschiedlicher Länge ausgebildet. Häufig sind an solchen Sackgassen die Haushalte einer "Familie" untergebracht.

Die Befestigungsanlagen bestehen aus den Wehrmauern, den das Ksar in Grund und Aufriß überragenden Wehrtürmen, manchmal einem Verteidigungsgraben, seltener einer vorgelagerten zweiten Wehrmauer und einem wehrhaften Torbau mit Schikane. Türme und Torbauten sind mit Schießscharten, zuweilen mit Pechnasen ausgestattet.

Zu beiden Seiten des Durchgangs im Torbau befinden sich häufig Bänke, die als Übernachtungsmöglichkeit dienen und den Männern des Dorfes während der heißen Stunden des Tages schattenspendenden Schutz bieten. Hier ist der zentrale Ort der Begegnung für das ganze Dorf. Das Obergeschoß der Torbauten wird manchmal als Wohnung des Torwächters, als Nachtquartier für Gäste des Dorfes, seltener als Versammlungsstätte, benutzt. Moschee und Hamam liegen in der Regel am inneren Eingangshof. Es kommt vor, daß die Moschee nur über das Hamam zu betreten ist. Häufig dient die Jemâa, ein Gebäude in der Mitte des Ksar, als Versammlungsstätte, die sich wie die Moschee und das Hamam äußerlich kaum von den Ksarhäusern unterscheidet. Kleine Läden sind zuweilen ebenfalls am Eingangshof angeordnet.

Einige Ksour werden nur von einer "Familie", einer ethnischen, religiösen oder sozialen Gruppe bewohnt. Andere nehmen verschiedene Gruppen auf. Die einzelnen Quartiere sind jedoch streng voneinander getrennt.

Das Ksarhaus, in der Regel zwei bis drei Geschosse hoch, wird an der Eingangsseite von einer Gasse, an den drei anderen Sei-

ten von Nachbarhäusern begrenzt. Die horizontale Ausdehnung
der Ksarhäuser entspricht der der Parzellen, deren Größe zwischen 100 und 250 m² liegt. Oft ist der Grundriß des ersten
Obergeschosses durch die Überbauung der Gassen sogar größer
als die zugehörige Parzelle. Belichtung und Belüftung erhält
das Ksarhaus im Erdgeschoß und ersten Obergeschoß ausschließlich über den zentralen Innenhof, dessen Größe mit der Größe
des Hauses wächst. Die oberen Geschosse, zumeist nur noch teilweise Überbauungen der Parzelle, sind ebenfalls nach innen
orientiert. Einzige Ausnahme bilden die Räume über den Gassen.
Der Eingang läßt in der Regel keine Einblicke zu. Selten wird
das Erdgeschoß als untere Wohnebene benutzt. Überwiegend ist
das erste Obergeschoß die untere Wohnebene im Ksarhaus. Das
Erdgeschoß dient als Stallung, Lagerfläche und im Bereich des
Innenhofes häufig als Dungstätte. Die Dachhöfe und Dachterrassen, wesentliche Bestandteile der Ksarhäuser, werden in Abhängigkeit von Jahres- und Tageszeit ebenfalls als Wohn- und
Schlafräume benutzt.

Das Grundrißsystem der Ksarhäuser, Vorläufer des Systems der
offenen Tigermatin, besteht aus einem Zentralraum mit Innenhof,
der an einer Seite, zwei, drei oder allen vier Seiten von Nebenräumen umbaut ist.

Abseits vom privaten Wohnbereich befindet sich der Empfangsraum,
häufig zugleich Wohnraum des erstgeborenen Sohnes, zumeist auf
der obersten Wohnebene gelegen, am besten durchlüftet und zuweilen ornamentiert.

Das Ksarhaus ist der Wohntyp, der den materiell-funktionalen
Bedürfnissen und den bautechnischen Möglichkeiten am besten
entspricht. Die Disziplin, die Ausgewogenheit und Anpassungsfähigkeit dieses Haustyps ist bestechend. Funktion, Konstruktion
und Gestalt sind miteinander im Einklang. Die notwendige Disziplin im täglichen Leben und die beinahe bedingungslose Unterordnung individueller Bedürfnisse unter die Bedürfnisse der Gemeinschaft führten allerdings zu einem Überdruck im Ksar, dem
die Wohn- und Siedlungsform zwangsläufig in dem Moment zum
Opfer fallen mußte, in dem die Bedrohung von außen nachließ.
Kaum hatte der Zwang zur Verteidigung etwas nachgelassen, entstand der Tighremt als erste Form der freistehenden, individuellen Wohnung einzelner Familien.

8.2.1.2. Der Tighremt

Den Tigermatin, besonders den Hoftypen, fehlt die Bescheidenheit,
die Ausgewogenheit und vor allem die Anpassungsfähigkeit der
Ksarhäuser. Sie sind nicht mehr Teil eines großen Ganzen. Sie
sind vielmehr losgelöste, selbständige, selbstbewußte, Macht
oder Reichtum dokumentierende Einzelgebäude. In der Entstehungszeit der Tigermatin war einerseits die gemeinsame Verteidigung
zum Beispiel im Dadêstal nicht mehr oder kaum noch notwendig,
andererseits standen in einer Zeit wirtschaftlicher Prosperität
Mittel zur Verwirklichung individueller baulicher Wünsche zur
Verfügung.

Die Verteidigungsanlagen der Ksour sind wesentlicher Bestandteil ihres Verteidigungskonzepts. Sie befriedigen überwiegend
materielle Bedürfnisse der Verteidigung. Die Wehrtürme und die
fast geschlossenen, reich ornamentierten Zwischenfassaden der
Tigermatin sind dagegen eher Bestandteile der Selbstdarstellung der Bewohner. Sie stellen Verteidigungsbereitschaft, Macht
oder Reichtum dar, und befriedigen überwiegend immaterielle
Bedürfnisse. Die Funktion der Türme ist überwiegend auf den
wehrhaften Eindruck und auf die symbolhafte Wirkung angelegt.

Bei den Tigermatin lassen sich zwei grundsätzlich voneinander
unterschiedene Typen feststellen; die geschlossenen und die
Hoftypen.

Die geschlossenen Typen sind Behausungen einer "Familie", die
in die Wohnbereiche einzelner Teilfamilien getrennt sind, ein
"Mehrfamilienhaus". Die jeweiligen Wohnbereiche entsprechen
den Ecktypen der Ksarhäuser kleiner geschlossener Ksour, mit
einer mittleren Erschließungsachse, bei denen die Außenwand der
Ksarhäuser zugleich Wehrmauer des Ksar ist. Die einzelnen Wohnbereiche sind nach außen orientiert. Sie haben keinen Innenhof.

Der geschlossene Typ verfügt häufig über einen Tamesrit, der
auf dem Dach des Hauses angeordnet ist, in der Regel besonders
gut ausgestattet, durchlüftet ist und einen weiten Ausblick
über die Oase gewährt. Den Stallungen und Lagerräumen im fensterlosen Erdgeschoß folgen geschlossene, seitlich befensterte,
überdachte oder nach oben offene Wohn- und Lagerräume in den
Obergeschossen. Einem großen Hauptraum im ersten Obergeschoß
mit ca. 4 m Geschoßhöhe sind kleinere Nebenräume zugeordnet,
die wahlweise als Wohn- oder Lagerräume genutzt werden können.
Das Angebot an allseitig umschlossenen Räumen, überdachten und
oben offenen Räumen läßt eine jahres- und tageszeitlich bedingte flexible Nutzung zu. Dies gilt verstärkt für die Hoftypen
und die Ksarhäuser.

Die Hoftypen der Tigermatin sind wie die geschlossenen Typen
Behausung einer "Familie". Im Gegensatz zum geschlossenen Typ
sind hier aber keine nach Haushalten abgegrenzte Wohnbereiche
zu unterscheiden. Alle Räume sind zum Zentralbereich, mit dem
Hof, orientiert. Der Hoftyp, in vielem dem Ksarhaus der südlichen Oasen vergleichbar, ist wie der geschlossene Typ durch
vier Ecktürme verstärkt.

Die Mehrzahl aller Tigermatin, offene wie geschlossene Typen,
ist an einer oder mehr Seiten von niedrigen Anbauten und Höfen
umgeben. Diese Anbauten nehmen Wohnungen von Familienmitglie-
dern oder Abhängigen, Stallungen und Lagerräume auf. In der ursprünglichen Form der Hoftypen liegt der Tamesrit auf der Ein-
gangsebene, im Zentralraum des Erdgeschosses. Es kommt auch
vor, daß ein Seitenraum des ersten Obergeschosses diesem Zweck
dient. Manchmal wird der Tamesrit aus dem Hauptgebäude heraus
in einen der niederen Anbauten verlegt.

Das Erdgeschoß wird in der Regel als Lager- und Stallfläche
benutzt. Im ersten Obergeschoß liegt der zentrale Wohnraum mit
den ihn umschließenden Mehrzweckräumen, die wahlweise als Wohn-,
Schlaf- und Lagerräume genutzt werden können. Das zweite Obergeschoß wird oft von einem zentralen, oben offenen Raum, einem
Dachhof und angrenzenden Mehrzweckräumen gebildet. Im Wechsel
der Tages- und Jahreszeiten werden die Räume des ersten und des
zweiten Obergeschosses als Wohn- und Schlafräume genutzt. Über
den äußeren Räumen des zweiten oder dritten Obergeschosses liegen Dachterrassen, die nach außen durch übermannshohe Mauern
geschlossen sind. Diese Dachterrassen dienen dem Trocknen von
Datteln und anderen Feldfrüchten. Die Turmräume werden, wenn
überhaupt, als Lagerräume und zuweilen als Schlafräume genutzt.
Die Hoftypen sind in der Regel weniger befenstert als die geschlossenen Typen.

8.2.2. Konstruktion

Auch wenn wir die konstruktiven Sonderformen einschließen,
springt die Einheitlichkeit des Materials bei Ksar und Tighremt
besonders ins Auge. Vorherrschendes Material ist der Lehm. Aus
ihm sind die Wände und Fußböden, aber auch die Dachhaut und der

Putz gebildet. Die haptischen Qualitäten und vor allem die Speicherfähigkeit der Lehmwände sind besondere Vorteile, die geringe Abriebfestigkeit bzw. Wasserlöslichkeit entscheidende Nachteile.

Der zuletzt von Aris Konstantinidis in einem Vortrag über die griechische Architektur im 20. Jahrhundert, aber auch von anderen Kollegen vertretenen Ansicht, daß ähnliche klimatische Bedingungen in verschiedenen Gegenden zu gleichen Gebäudeformen führen, kann als ein Ergebnis dieser Arbeit nur bedingt zugestimmt werden.

Neben der Stampferdetechnik wird im Süden Marokkos ebenfalls die Technik des Mauerwerks aus luftgetrockneten Ziegeln verwendet. Beide Konstruktionen unterscheiden sich aber in ihrer Technik grundlegend voneinander und bringen unterschiedliche Formen hervor. Viele Gebäude südlich und östlich der Sahara zeigen unter ähnlichen klimatischen Bedingungen bei gleichen Materialien wie im Süden Marokkos andere Bauformen, die auf andere Bedürfnisse und Konstruktionstechniken zurückzuführen sind. Die vermeintliche gleichlaufende bauliche Entwicklung in Gebieten ähnlicher klimatischer Bedingungen ist vor allem eine Gleichheit des Materials, der Farbe und oft auch der Dachformen. Es ist weniger eine Gleichheit der Konstruktionstechnik. Gerade die Konstruktionstechnik gibt Aufschluß über die jeweiligen Notwendigkeiten, denen sie zu genügen hatte und den unterschiedlichen kulturellen und politischen Einflüssen in verschiedenen Gebieten.

So ist anzunehmen, daß die Kombination aus Stampferdetechnik und Mauerwerk, aus luftgetrockneten Ziegeln im Süden Marokkos vor allem auf die Notwendigkeit der Verteidigung der Ksour zurückzuführen ist. Sie erforderte eine dichte und hohe Bebauung. Die Kombination beider Techniken läßt eine mehrgeschossige Bauweise zu, sie erlaubt den Bau weit gespannter Gurtbögen bei den Innenhöfen und ist mit einem angemessenen Aufwand zu realisieren.

Für die Basis der Wände oder für kleine Fensterstürze, seltener für die Ausfachung von Decken, für die Abdeckung der Mauerkronen und für die unteren Wandteile werden Natursteine verwendet. "Jean Hensens" und die "Kasbah 64 Study Group" berichten davon, daß auch die Gassen der Ksour ursprünglich mit Natursteinen gepflastert waren.

Die Wandzonen unmittelbar über den Fundamenten werden fast ausnahmslos aus Stampferde in einer täglich bis zu zehn mal versetzbaren Holzschalung errichtet. Die oberen Wandzonen, konstruktiv besonders beanspruchte, hervorgehobene oder geschmückte Bauteile, wie die Pfeiler und Gurtbögen der Innenhöfe oder die Treppenstufen der Geschoßtreppen, werden aus luftgetrockneten Ziegeln errichtet. Vor allem im Dadestal, aber auch in anderen gebirgsnahen Gebieten, werden die Mauerkronen als Schutz gegen den Regen mit auskragenden Brettern, Bambus, Zweigen oder Natursteinen abgedeckt. Diese Abdeckungen werden von einer zusätzlich aufgebrachten Lehmauflage gehalten.

Die Deckenkonstruktion besteht aus Holzbalken, zumeist mit einer Bambusausfachung aus kurzgeschnittenen, auf den Balken gestoßenen Stäben, die im Lehmbett verlegt sind. Seltener sind die Deckenfelder mit Palmblättern oder Brettern ausgefacht.

Die Türstürze und die Stürze größerer Fensteröffnungen bestehen in den südlichen Oasengebieten aus Bohlen von Palmholz, wie auch die Türen und hölzernen Fenstergitter. In den Gebirgstälern wird das härtere Holz von Laubbäumen verwendet.

Durch Abdecken bzw. Öffnen des Impluviums bei Ksarhäusern und offenen Tigermatin läßt sich das Klima und die Durchlüftung im Inneren der Häuser steuern.

8.2.3. Gestalt

Keines der gestalterischen Merkmale ist so beherrschend, wie das der Einheitlichkeit von Farbe und Material; freilich einer differenzierten Einheitlichkeit, die erst durch die kontrastbildende Wirkung des harten Lichtes zum positiven Gestaltmerkmal wird.

Die markanten Grenzen zwischen Wohnung und Siedlung, zwischen Siedlung und Landschaft, aber auch zwischen grüner Oase und braunroter Wüste, zwischen Licht und Schatten sind ein weiteres wesentliches Merkmal dieser Landschaft. Die Großform des Ksar gewinnt ihre Prägnanz vor allem durch die harten Grenzen zwischen innen und außen.

Die Dominanz der Türme bei Tighremt und Ksar geben diesen Siedlungsformen ihre unverwechselbare Gestalt. Sie teilen die Wehrmauern der Ksour in überschaubare Abschnitte, sie begrenzen die Zwischenfassaden der Tigermatin. Sie überragen die Zwischenfassaden von Ksar und Tighremt in Grund und Aufriß, sind Teil der Wehranlagen der Ksour und symbolisieren die wirtschaftliche und soziale Macht ihrer Bewohner. Die Ausstrahlung dieser Türme ist ein wesentlicher Teil der raumdefinierenden Gestaltelemente von Ksar und Tighremt.

Die Grundrisse zahlreicher geschlossener und offener Tigermatin bestechen durch Klarheit und Symmetrie. Abgesehen von der Lage der Treppe und des Eingangs sind einige der Hoftypen zur X-, Y- und Z-Achse symmetrisch oder doch fast symmetrisch.

Die meisten der Tigermatin erscheinen zumindest dem Ortsfremden wesentlich größer als sie tatsächlich sind. Auch die Dimensionen der Ksour sind schwer abzuschätzen. Die Maßverhältnisse von Ksar und Tighremt werden bestimmt durch die Maße der Kletterschalung, die Maße der Ziegel und die Spannweite der Balken.

Der ornamentale Schmuck, der sich beim Tighremt über die oberen Teile der Türme und der Zwischenfassaden zieht und seltener die Eingangszonen akzentuiert, ist beim Ksar auf die oberen Bereiche der Türme, des Eingangsgebäudes und auf die Umrahmung des Tores beschränkt. Die Wehrmauern zwischen den Türmen sind nicht ornamentiert.

Zum Teil sind die Eingangstore aufgedoppelt und mit Ziernägeln versehen.

Im Inneren von Ksarhaus und Tighremt ist ebenfalls ornamentaler Schmuck zu finden. Während er beim geschlossenen Tighremt auf die Decken der Tamesrit beschränkt bleibt, ist er bei den Hoftypen und den Ksarhäusern auch bei den Innenhöfen zu finden.

Das Raumgefüge des Ksarhauses und des Hoftyps der Tigermatin ist besonders geprägt durch die Raumdurchdringung von Hof und Zentralraum. Der Innenhof durchdringt die Zentralräume von zwei oder mehr Geschossen, verbindet sie optisch und akustisch miteinander und mit der Außenwelt und schafft eine Vielzahl von differenzierten Raumzonen.

Der geschlossene Tighremt ist gegliedert in eine Folge oder mehrere Folgen von klar abgegrenzten Räumen. Raumdurchdringungen fehlen ganz.

Das Raumgefüge der Ksour ist als eine Folge von offenen, halboffenen und geschlossenen, abgegrenzten, gezonten und sich durchdringenden Räumen anzusehen.

Gerade in einem Gebiet, in dem die Härte des Lichts besonders
ausgeprägt ist, kommt der Lichtführung besondere Bedeutung zu.

Während beim Hoftyp und beim Ksarhaus fast alles Licht vom Innenhof kommt, und dort durch Abdecken zwischen fast völliger
Dunkelheit, diffusem Licht und harten Hell-Dunkel-Kontrasten
beliebig gesteuert werden kann, ist beim geschlossenen Tighremt
das Licht nicht gesteuert. Es fällt durch kleine Fenster seitlich in die dunklen, dämmrigen Räume ein, zeichnet helle Licht-
flecken auf Fußboden und Wände und macht durch steil einfallen-
de Lichtbündel die Räume erkennbar. Oft werden bei direktem
Lichteinfall die Konturen der Fenster verwischt. Durch den Hell-
Dunkel-Kontrast wird ihre Begrenzung überstrahlt. Die Adaptionsfähigkeit der Augen wird überfordert.

8.2.4. Heutiger Zustand

Ksar und Tighremt befinden sich heute vielfach in bedenklichem
Zustand. Zahlreiche Ksarhäuser und Tigermatin sind nicht mehr
oder nur noch zum Teil bewohnt. Der Verfall vieler Gebäude,
Siedlungsteile oder ganzer Siedlungen beschleunigt sich von
Jahr zu Jahr. Das Verbot des Baus von Häusern außerhalb der
Ksarmauern ist aufgehoben. Neue Gebäude und ganze Siedlungen
sind außerhalb der festgefügten Ordnung der Ksour, neben Ksar
und Tighremt entstanden. Die Bedürfnisse der Bewohner haben
sich geändert, die Verteidigung der Ksour ist nicht mehr nötig,
wirtschaftliche oder soziale Macht einzelner Familien wird
nicht mehr durch den Bau von Tigermatin demonstriert.

Neue Materialien, wie Beton und Stahl, werden verwendet. Zuweilen sind bereits Hütten aus Wellblech oder aus dünnen Sandwich-
elementen anzutreffen. Noch immer sind aber die natürlichen,
traditionellen Materialien die hauptsächlich verwendeten Baustoffe. Auf dem Lande ist im Gegensatz zu den Ballungsgebieten
Marokkos die Lehmwand immer noch billiger als die Wand aus
leichten, industriell gefertigten Produkten.

Auch wenn man aus gestalterischer Sicht das Überwinden der bis
vor kurzem unüberwindlichen Grenze der Wehrmauern der Ksour be-
dauern mag, muß man doch erkennen, daß das Zusammenleben auf
engstem Raum im Ksar und die Klaustrophobie, die sich sicherlich bei manchen Ksarbewohnern in der drangvollen Enge der Ksour
eingestellt hat, Grund genug ist, dieser Enge zu entweichen und
aus der festgefügten Ordnung des Ksar auszubrechen. Viele der
Ksour haben ohnehin ihre Altersgrenze erreicht. Während in früherer Zeit ein neues Ksar gebaut werden mußte, ehe das alte von
allen gemeinsam verlassen wurde, lösen sich die Ksour jetzt nur
allmählich auf. Die meisten wachsen und sterben zugleich.

Trotz aller Bewunderung der Prägnanz der Gestalt, wie sie durch
die harte Begrenzung, die Dominanz der Türme und die Struktur
des divisiven Fügens entstanden ist, ist doch auch auf die offensichtlich befreiende Wirkung dieses Lösens vom sozialen und
baulichen Panzer hinzuweisen. So darf es auch nicht verwundern,
daß sich die Gestaltmerkmale neuerer baulicher Entwicklungen
geradezu umgekehrt haben. Der eindeutigen, unveränderten, klar
definierten Grenze des Ksar steht die vieldeutige, sich dau-
ernd verändernde, undefinierte Grenze der neuen Siedlung gegenüber. Das divisive Fügen innerhalb des Ksar ist dem additiven
Fügen Haus an Haus je nach Bedarf gewichen. Dem additiven Nebeneinander klar abgegrenzter Ksour folgt die unbegrenzte, kon-
turenlose Agglomeration von Gebäuden ohne Anfang und Ende, wie
sie sich zum Beispiel in Boumalne du Dadès oder in Kelaa Mgouna
bereits deutlich abzeichnet.

Die Einheitlichkeit von Farbe und Material ist zumeist noch

nicht verloren gegangen. Die kontrastierende Wirkung des Lichts bleibt unverändert bestehen. Die natürlichen Bedingungen blieben weitgehend erhalten. Die kulturellen, politischen, sozialen und wirtschaftlichen Bedingungen haben sich dagegen deutlich verändert. Der heutige Zustand von Ksar und Tighremt ist das Spiegelbild dieser Veränderungen.

E. Exkurs

E.1. Notwendigkeit der Erhaltung, Sanierung und Wiederherstellung der baulichen Substanz.

a 167 Der Sog in die Ballungsgebiete Marokkos ist groß. Er ist vor allem auf die erhofften Arbeitsmöglichkeiten, also auf die Hoffnung auf ein besseres Leben zurückzuführen. Auch bessere Ausbildungsmöglichkeiten spielen eine Rolle. Das Gefälle zwischen den Erwerbsmöglichkeiten auf dem Lande und denen in der Stadt ist groß. Auch die schwierigsten äußeren Umstände in den großen Städten können diese Bewegung nicht stoppen. Dies wirft zwei geographisch weit voneinander entfernte und doch eng miteinander verknüpfte Probleme auf. Die Ballungsgebiete, Entstehungsorte des ersten Problembündels, wachsen explosionsartig. Ihre gewachsenen traditionellen Stadtkerne werden überlastet und verslumen, rund um die Städte entstehen ungeordnete wilde Siedlungen, fast immer auf fremdem Grund, ohne Straßen, Wasser und Abwasser, ohne Elektrizität, ohne erkennbare Organisation, ohne

z 176 Infrastruktur. Die einzelnen Hütten werden aus Wellblech, billigen, halbindustriell gefertigen Paneelen und Abfällen aller Art errichtet, allenfalls das Licht der Sonne, den ärgsten Regen und die Einblicke der Nachbarn abhaltend.

a 168 Die Dichte des Zusammenlebens wild zusammengewürfelter Menschen, die miserablen Wohnverhältnisse, die mangelnde Hygiene, aber auch die Tatsache, daß die meisten Zuwanderer vom Lande auf die zivilisatorische Situation, die sie in den Ballungsgebieten erwartet, in keiner Weise vorbereitet sind, führt zu chaotischen Zuständen. Die Lebenserwartung dieser Menschen ist gering, die Säuglingssterblichkeit hoch, die Rate der Kriminalität liegt über dem Durchschnitt. Die Gefahr plötzlich aufkeimender politischer Brisanz ist nicht zu unterschätzen.

a 169 Trotz erheblicher Anstrengungen des marokkanischen Staates wird es kaum gelingen, diese Probleme allein vor Ort zu lösen.

Die Probleme der ländlichen Gebiete, Entstehungsorte des zweiten Problembündels, sind weniger offensichtlich und vielleicht auch nicht so krass. In Ait el Arbi waren viele Kinder und Frauen, einige alte und nur wenige junge Männer anzutreffen. Viele der Männer im arbeitsfähigen Alter arbeiteten in den Ballungsgebieten oder im Ausland. Die Möglichkeiten, den Lebensunterhalt am Heimatort zu verdienen, sind zu gering. Die Konsequenzen, im vorherigen Kapitel bereits beschrieben, sind das Auseinanderbrechen des über Jahrhunderte gewachsenen sozialen Gefüges, die Trennung der Familien, die Entwurzelung. Gebäude und Felder verwahrlosen, die Erträge werden geringer bei gleich-

a 170 zeitig wachsender Bevölkerungszahl. Der Sog in die Ballungsgebiete beschleunigt sich. Der Drang nach der fernen Stadt, mit Arbeit, mit Ausbildungsmöglichkeiten und offensichtlichem zivilisatorischem Fortschritt wird übermächtig. Die Bindungsfähigkeit des Ortes, an dem man aufgewachsen und geboren ist, nimmt trotz der Verwurzelung und trotz des ausgeprägten Traditionsbewußtseins der Berber ab. Die Abwanderung in die Stadt nimmt dagegen weiter zu.

Beide Probleme bedingen sich gegenseitig und können nur mitein-

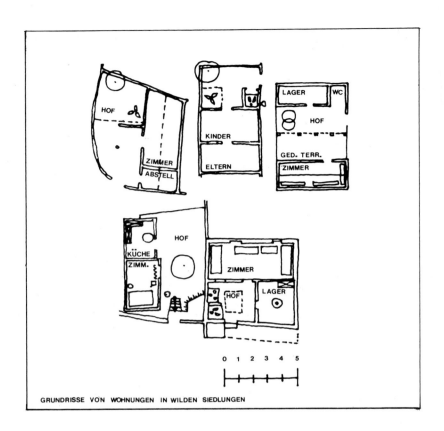

GRUNDRISSE VON WOHNUNGEN IN WILDEN SIEDLUNGEN

z 176

ander gelöst werden.

Ein Ziel muß es sein, die Lebensbedingungen der Bevölkerung auf dem Lande so zu verbessern, daß die Wanderungsbewegung zu den Ballungsgebieten allmählich abnimmt. Mit der Verbesserung der Lebensbedingungen auf dem Lande stellt sich zwangsläufig auch eine Verbesserung der Entwicklung in den Ballungsgebieten ein. Ohne Frage steht hier die Verbesserung der Erwerbsmöglichkeiten, das Ansiedeln von Industrie, die Verbesserung der Infrastruktur an erster Stelle. Ohne sie ist sicherlich kaum etwas zu erreichen.

a 171
Der Beitrag, den der Architekt leisten kann, ist nicht von gleicher grundsätzlicher Bedeutung. Seine Tätigkeit kann aber aus einem Bündel flankierender Maßnahmen bestehen. Er kann vorhandene Bausubstanz erhalten, sanieren, verbessern und wiederherstellen. Er kann Bauten und Siedlungen errichten, die heutigen Bedürfnissen entsprechen.

Die außerordentliche Qualität der traditionellen Bauten und Siedlungen dieser Region ist als das Spiegelbild gewachsener sozialer, politischer, kultureller und ökonomischer Bedingungen zu verstehen. Die Notwendigkeit der Erhaltung, Sanierung und Wiederherstellung dieser Bausubstanz ist eine Frage der geschichtlichen, künstlerischen, städtebaulichen, wissenschaftlichen oder volkskundlichen Bedeutung. Sie ist aber auch und vor allem eine politische regionalplanerische und ökonomische Notwendigkeit. Die Erhaltung, Sanierung und Wiederherstellung traditioneller Bausubstanz trägt dazu bei, die Qualität der Kultur, das heißt in diesem Falle der Baukultur, stärker ins Bewußtsein der Bevölkerung zu rücken. Sie stärkt die Bindungsfähigkeit der Bevölkerung an die heimatliche Gemeinde und ist schließlich häufig billiger als die Errichtung neuer Bauten und Siedlungen.

E.2. Möglichkeiten und Grenzen der Erhaltung, Sanierung und Wiederherstellung

Die Möglichkeiten der Erhaltung, der Sanierung und der Wiederherstellung von Ksar und Tighremt sind abhängig vom Zustand der Konstruktionen und von der Verwendbarkeit für die vorgesehene Nutzung, aber auch vom Vorhandensein von Handwerkern, die die traditionellen Bautechniken beherrschen und von der Verfügbarkeit traditioneller Baumaterialien.

a 172
Stärker als bei der Verwendung anderer Materialien und Techniken ist die Lebensdauer dieser Lehmbauten eine Frage ihres Schutzes, ihrer Pflege und kontinuierlichen Instandsetzung. Die Vernachlässigung des Dach- und Fassadenschutzes hinterläßt schon nach kurzer Zeit sichtbare Spuren. Länger anhaltenden Regenfällen oder gar dem Gewicht nassen Schnees, den es in den höheren Gebirgstälern zuweilen geben kann, sind die Bauten kaum gewachsen.

a 173
Die Anwendung traditioneller, natürlicher Baumaterialien ist in den ländlichen Gebieten des marokkanischen Südens im Gegensatz zu den Ballungsgebieten jenseits des Atlas nach wie vor möglich und vor allem billiger als die ungewohnte Verarbeitung von weither geholten, industriell gefertigten künstlichen Baumaterialien. Noch sind die Techniken der Verarbeitung bekannt, auch wenn der Feinheitsgrad traditioneller Details nicht mehr erreicht wird. Noch sind genügend Handwerker vorhanden, die die traditionellen Techniken der Konstruktion beherrschen. Der Lehm steht in unbegrenzten Mengen zur Verfügung. Auch Holz und Bambus sind vorhanden. Alle Voraussetzungen für die konstruktive Erhaltung, Sanierung und Wiederherstellung von Ksar und Tigh-

remt sind bis auf die fehlenden finanziellen Mittel gegeben.

Einzelmaßnahmen können z.B. im Anlegen von Drainagen, im Auswechseln oder Verstärken tragender Teile bei Wänden und Decken, im Verputzen von Innenwänden und Fassaden, in der Abdeckung der Mauerkronen, in der Erneuerung der Dachentwässerung, im Auftragen von Lehmestrich als neue Dachhaut bestehen. Die Installation von Wasser, Abwasser und Elektrizität ist technisch möglich, in den nächsten Jahren jedoch abgesehen von Ausnahmen wirtschaftlich kaum zu realisieren. Übergangslösungen, z.B. mit Flaschengas als Energieträger, mit Trockenklo usw. sind möglich und werden zum Teil bereits praktiziert.

Während heute wie früher vorhandene Materialien mit kaum veränderter Technik verarbeitet werden können, haben sich aufgrund anderer Lebensumstände die Funktionsabläufe in Siedlung und Gebäude wesentlich verändert. Die Beurteilung der Möglichkeiten der Verwendung der Bauten aus funktionaler Sicht ist daher sehr differenziert zu betreiben.

Betrachten wir zunächst einmal die Tigermatin.

Die Größe der Tigermatin, ihre hohen Türme und die reiche Dekoration machen den Unterhalt der Bauten aufwendig und teuer. Wenn überhaupt, sind nur wenige Familien in der Lage, dies aus eigener Kraft zu tun. Die vertikale Gliederung mit den Stallungen im Erdgeschoß, den Wohn- und Lagerräumen in den Obergeschossen ist nicht mehr begründet. Sie führt aus heutiger Sicht zu aufwendigen und umständlichen Geschehensabläufen innerhalb der Gebäude.

Der Hoftyp, im Gegensatz zum geschlossenen Typ als nach innen geöffnetes, geräumiges "Einfamilienhaus" eines größeren Haushalts angelegt, läßt sich nicht sinnvoll in kleinere Wohneinheiten untergliedern. Er läßt sich weiterhin als relativ großes Wohnhaus eines Haushaltes verwenden.

Die nicht nur bei den Berbern erkennbare sichtbare Entwicklung zur kleineren Familie läßt vermuten, daß es zunehmend schwieriger wird, die offenen Tigermatin als gemeinsame Wohnung einer aus mehreren Haushalten bestehenden "Familie" zu nutzen. Wenn die Besitzer nicht in der Lage sind, ihre Bauten zu unterhalten, lassen sich auch Nutzungen vorstellen, wie z.B. als Gemeindehaus, Jugendhaus oder Hotel. Vielleicht ist so die Erhaltung des einen oder anderen wertvollen Gebäudes denkbar, ohne die wirtschaftlichen Möglichkeiten der Eigentümer für das Einzelgebäude oder aber des Staates für die Vielzahl der zu erhaltenden Gebäude zu übersteigen.

a 174

Eine funktionale Sanierung der Tigermatin läßt sich sicherlich durch eine stärkere Trennung der Funktion, durch das Auslagern der Stallungen in benachbarte Gebäude und Höfe, bei den Hoftypen durch die Wiederverwendung des Zentralraumes im Erdgeschoß als Empfangs- und Wohnraum, durch die Verwendung der sonstigen Erdgeschoßräume als Lagerräume und der Obergeschosse als Wohn- und Mehrzweckräume erreichen. Beim geschlossenen Typ bietet die vorhandene Unterteilung in zwei, drei, vier oder mehr in sich geschlossene Wohneinheiten sinnvolle Wohnungsgrößen für die kleiner werdende Einzelfamilie, läßt durch die Kombinierbarkeit der einzelnen Wohneinheiten unterschiedliche Familiengrößen zu und erlaubt ohne Zwang das Neben- und Miteinander einer differenzierten Großfamilie.

a 175

Die Erhaltung, Sanierung oder Wiederherstellung der herkömmlichen Gestalt hängt eng mit der konstruktiven Sanierung und funktionalen Neugliederung der Tigermatin zusammen. Der größte Teil der Aufwendungen wird für die Erhaltung und Wiederherstellung der feingliedrigen Fassadenornamente, der ornamentierten

Türen, Türgewände, Höfe und Bambusdecken zu investieren sein. Oft wird man sich mit der Sicherung des derzeitigen Zustandes oder mit der Verbesserung des Schutzes für diese Bauteile begnügen müssen. Die technischen Eigenschaften, die Wasserlöslichkeit bzw. die geringe Abriebfestigkeit, also die Vergänglichkeit des Lehms erschweren das Erhalten der vorhandenen Bauten. Die Einheitlichkeit des Materials, die Fassaden- und Raumproportionen, die Dominanz der Türme, die Raumzonen, Raumfolgen und Raumdurchdringungen können erhalten bleiben.

z 177
z 178

Die Enge innerhalb des Ksar hat, wie bereits beschrieben, vor allem in den letzten Jahren viele Ksarbewohner bewogen, ihr Ksar zu verlassen. Ksarhäuser liegen brach und verfallen. Gerade diese Situation schafft trotz schwieriger Grundbesitzverhältnisse die Chance, kleine Ksarhäuser zu erweitern durch die Mitnutzung des Nachbargrundstückes oder des Nachbarhauses. Eine Vergrößerung der Wohnfläche der kleineren Wohneinheiten schafft in Kombination mit technischen und konstruktiven Verbesserungen eine hervorragende Wohnqualität, die, so ist jedenfalls zu hoffen, den Drang aus dem Ksar reduziert.

z 179, z 180

Voraussetzung für das Gelingen solcher Maßnahmen ist jedoch, daß das Ksar eindeutig begrenzt bleibt und nicht ausufert.

Die Wehrmauern, die Ksartürme, das eine Nadelöhr des Eingangs, haben beim Ksar ihre wesentliche Aufgabe verloren. Die Wehrmauer wird mit zahlreichen Toren und Fenstern durchbrochen. Ksarhäuser überwuchern die Wehrmauern. Neue Quartiere werden direkt im Anschluß an die bestehenden Ksour errichtet.

Beispiele für diese Entwicklung sind zahlreich, doch was wird dabei eingebüßt!

Das Ksarhaus verliert seine Qualität, die ja zu einem wesentlichen Teil gerade im Gegensatz zwischen dem introvertierten geborgenen Wohnen im Ksarhaus bzw. im Ksar und dem freien Blick über Landschaft und Oase von den Dachhöfen und Terrassen aus besteht. Wenn nur noch die Dachterrassen und Wände anderer Ksarhäuser zu sehen sind, ist das Gleichgewicht zwischen Abgeschlossenheit und Öffnung nach außen empfindlich gestört. Auch die Erreichbarkeit in Notfällen, die Durchlüftung, die Hygiene und der Transport von schwerem Hausrat und Gütern verbietet zu große Dimensionen der Ksour. Der Bau eines klar vom alten getrennten neuen Ksar, wie es beim Erreichen der Grenzen der Erweiterung innerhalb des traditionellen Ksar üblich war, ist hier, wenn auch aus anderen als den traditionellen Gründen, sicher richtig und sinnvoll.

Durch das Öffnen zahlreicher Tore aus dem Ksar heraus verliert der traditionelle Eingang weitgehend seine Bedeutung als Treffpunkt des Ortes. Dies wird jedoch kaum zu verhindern sein, solange nicht zwingende Gründe den Umweg für viele durch das eine Tor sinnvoll machen. Kein anderes Angebot an Treffpunkten kann die gleiche Begegnungsdichte erzeugen, wie das eine Tor, durch das jedes Mitglied des Ksar, aber auch jeder Fremde kommt und geht. Allerdings ist bei mehreren Eingängen der Begegnung auch das Unvermeidbare der bisherigen Situation genommen. Vielleicht entspricht dies mehr der Entfaltung eines weniger kommunikativen, individuelleren Lebens.

a 176

Der allmähliche Verfall der Ksartürme und Wehrmauern, ihr Fehlen und die damit verbundene Aufhebung der Grenzwirkung nimmt den Ksour ihre Signifikanz. Die Ksour, bei denen die Wehrmauern zugleich die Außenwände von Ksarhäusern sind, können ihre Gestalt eher erhalten als die Ksour mit umlaufenden Gassen hinter den Wehrmauern. Die funktionale Konzeption der Ksarhäuser hat kaum etwas an Aktualität eingebüßt. Es ist zwar heute wie bei den Tigermatin sinnvoll, die Stallungen aus den Ksarhäusern

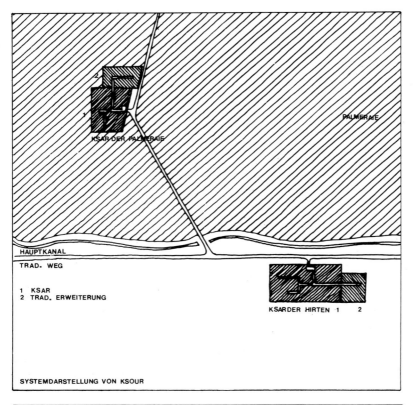

z 177

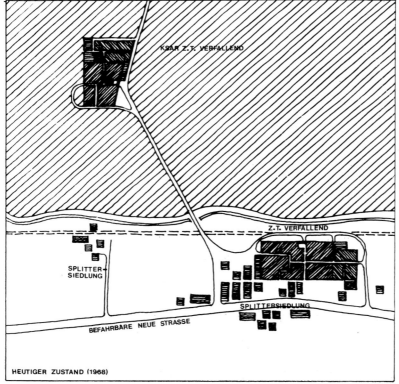

z 178

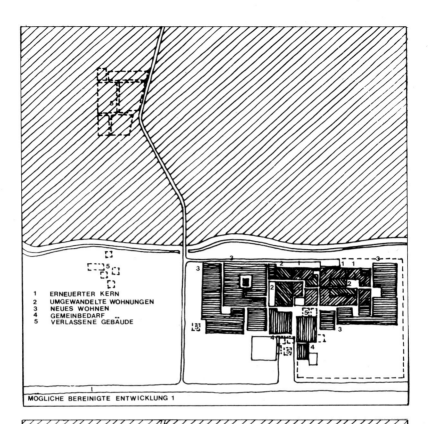

z 179

MÖGLICHE BEREINIGTE ENTWICKLUNG 1

1 ERNEUERTER KERN
2 UMGEWANDELTE WOHNUNGEN
3 NEUES WOHNEN
4 GEMEINBEDARF
5 VERLASSENE GEBÄUDE

z 180

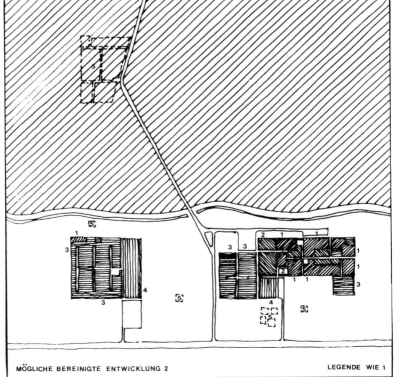

MÖGLICHE BEREINIGTE ENTWICKLUNG 2

LEGENDE WIE 1

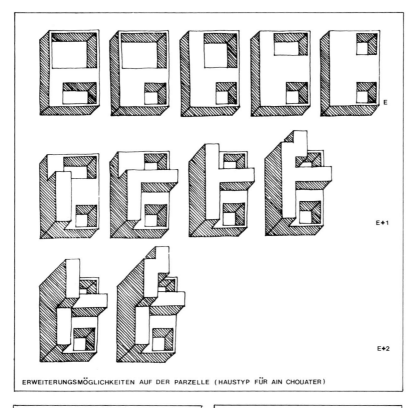

ERWEITERUNGSMÖGLICHKEITEN AUF DER PARZELLE (HAUSTYP FÜR AIN CHOUATER)   z 181

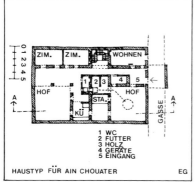

1 WC
2 FUTTER
3 HOLZ
4 GERÄTE
5 EINGANG

HAUSTYP FÜR AIN CHOUATER   EG

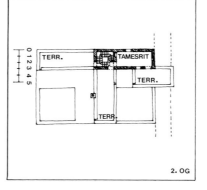

2. OG

z 182

z 183

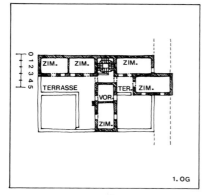

1. OG

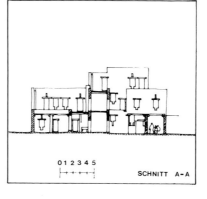

SCHNITT A-A

z 184

z 185

a 177　herauszunehmen und sie am Rande der Ksour oder außerhalb der
Ksour zusammenzufassen. Es ist sicher möglich und sinnvoll,
das Erdgeschoß der Ksarhäuser überwiegend für die Lagerung von
Erntegut und Gerätschaften aller Art einzurichten. Das Angebot
an flexibel benutzbaren Räumen, die unterschiedliche Größe der
Ksarhäuser und ihre Erweiterungsfähigkeit machen das Konzept
des Hofhauses, hier des Ksarhauses, so flexibel, daß es auch
weitergehende Funktionsänderungen ohne größeren Schaden über-
steht.

E.3. Notwendigkeit und Sinn der Anwendung traditioneller Elemente bei der Entwicklung zeitgemäßer Wohnanlagen und Siedlungen.

Die Gefahren einer sehr beschleunigten zivilisatorischen Entwicklung in Ländern der dritten Welt sind in jüngerer Zeit besonders deutlich geworden. Gerade in ländlichen Gebieten, in
denen sich ein ausgeprägtes Traditionsbewußtsein ohnehin verzö-
gernd auf die zivilisatorische Entwicklung auswirkt, ist auch
beim Bauen Behutsamkeit am Platze. Dessen ungeachtet scheint es
jedoch über einen längeren Zeitraum weder sinnvoll noch möglich,
Anforderungen, die den Rahmen bisheriger Notwendigkeiten spren-
gen, zu ignorieren und vorhandene, neue technische Möglichkeiten nicht zu benutzen.

In wirtschaftlich schwachen Gebieten, wie im Süden Marokkos,
geben weitgehend wirtschaftliche Erwägungen den Ausschlag bei
der Wahl der Baumaterialien und Konstruktionstechniken. Solange
die natürlichen Baumaterialien billiger verarbeitet werden können als künstliche, werden sie in aller Regel benutzt werden.

Solange die Anforderungen an die Nutzbarkeit der Gebäude sich
nicht so grundlegend verändert haben, daß sie mit herkömmlichen
Bautypen befriedigt werden können, werden sie, wenn auch modi-
a 178　fiziert, verwendet werden.

Funktional oder konstruktiv bedingte Elemente der Gestalt werden sich solange erhalten, solange sich die Konstruktion und
die Funktion der Gebäude nicht wesentlich verändert.

Im Unterschied zur Situation der Ballungsgebiete ist es gerade
die wirtschaftliche Situation, die zumindest vorerst die Verwendung traditioneller Konstruktionen und Bautypen sichert.
Wirtschaftliche Notwendigkeit und politische Absicht führen
zum gleichen Ergebnis.

E.4. Möglichkeiten und Grenzen der Anwendung traditioneller
Elemente bei der Entwicklung zeitgemäßer Wohn- und Siedlungsanlagen.

Die Beibehaltung der Höhenentwicklung der Gebäude, ursprüngliche Folge der begrenzten Fläche innerhalb der Ksarmauern, ist
nicht mehr unbedingt notwendig. Die geradlinige Begrenzung der
Siedlungsfläche ist nicht mehr zwingend gefordert, aber möglich.
Die fortifikatorische Notwendigkeit für den Bau von Ksarmauern
und Ksartürmen ist entfallen. Die hohe Dichte innerhalb der
z 181　Ksour, bei neuen Siedlungen allenfalls aus klimatischen Bedingungen von Vorteil, ist möglich. Die Parzellen der ein-
z 182-z 185　zelnen Wohneinheiten können größer werden. Eine Wohneinheit kann
mehrere Höfe haben. Bei der Mehrzahl von Neubauten können natür-
liche Materialien und traditionelle Konstruktionstechniken verwendet werden. Die Verbesserung der problematischen bauphysika-
lischen Eigenschaften des Lehms ,z.B. durch Beimengen von Kunst-
a 179　harz oder Zement, ist möglich. Die Verbesserung der Konstruk-

139

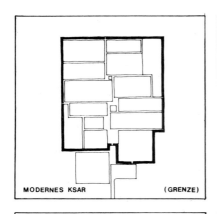
MODERNES KSAR (GRENZE)

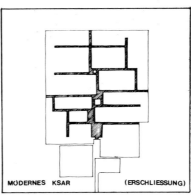
MODERNES KSAR (ERSCHLIESSUNG)

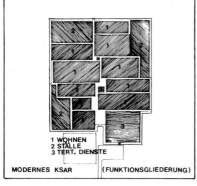
1 WOHNEN
2 STÄLLE
3 TERT. DIENSTE
MODERNES KSAR (FUNKTIONSGLIEDERUNG)

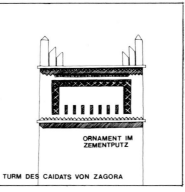
ORNAMENT IM ZEMENTPUTZ
TURM DES CAIDATS VON ZAGORA

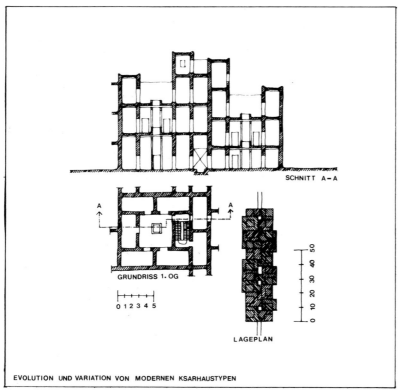
SCHNITT A-A
GRUNDRISS 1. OG
LAGEPLAN
EVOLUTION UND VARIATION VON MODERNEN KSARHAUSTYPEN

a 180, z 186-z 188   tionstechniken, z.B. durch die Verwendung einer öfter verwendbaren Stahlschalung, ist denkbar. Es ist möglich, neue Siedlungen zu errichten, deren Erscheinungsform der der Ksour sehr nahe kommt, ohne heutige Anforderungen zu vernachlässigen.

z 190   Es ist auch möglich, Wohneinheiten zu bauen, deren Charakter dem der Ksarhäuser weitgehend entspricht.

a 181   Es ist vermutlich kaum noch angebracht, neue Gebäude zu errichten, deren Charakter dem der Tigermatin entspricht.

Die Anwendung traditioneller Elemente beim Bau neuer Wohn- und Siedlungsanlagen kann und darf nicht als zwingende Forderung postuliert werden. Die Folge wäre zu einem großen Teil eine kulissenhafte Architektur, die sich an gestalterischen Motiven orientiert, ohne deren Inhalt zu erfassen. Leider gibt es bereits einige unerfreuliche Beispiele dieser Art, wie den Turm

z 189   des Caïdats von Zagora oder die Bauten entlang der Hauptstraße von Ouarzazate.

Die Anwendung traditioneller Elemente ist vielmehr in jedem Einzelfall sorgfältig zu prüfen. Nur wenn sich daraus keine unauflöslichen Zwänge ergeben - dies ist derzeit noch bei der Mehrzahl aller Bauaufgaben der Fall -, sollten sich neue Wohnanlagen und Siedlungen an traditionellen Beispielen orientieren. Dabei sollte die grundsätzliche Orientierung an der ausgewogenen Harmonie zwischen Funktion, Konstruktion und Gestalt, also der Qualität der traditionellen Bauten dieser Region selbst im Vordergrund stehen und weniger die Orientierung an den Symptomen dieser Harmonie, also am Motivischen.

Daneben gibt es aber Aufgaben, die mit traditionellen Elementen nicht mehr lösbar sind. Allen voran seien hier die Bauten der staatlichen Hotelkette "Diafa" genannt. Auch mit anderen als den herkömmlichen Funktionen, größeren Baumassen, großen Sälen, mit anderen Materialien und Konstruktionstechniken, mit anderen Gestaltmerkmalen, fügen sich einige dieser Bauten, z.B. in Boumalne du Dadès und Tinerhir, außerordentlich harmonisch ein in die südmarokkanische Landschaft. Ihre Qualität resultiert nur sehr wenig aus der Anpassung an traditionelle Beispiele. Sie ist vielmehr als eine zeitgemäße Antwort auf die funktionalen Anforderungen neuer Bauaufgaben mit heutigen Mitteln zu verstehen.

Neben der evolutionären Entwicklung traditioneller Wohn- und Siedlungstypen steht die Lösung neuer architektonischer Aufgaben mit neuen Elementen von Funktion, Konstruktion und Gestalt. Wenn beide Möglichkeiten nebeneinander bestehen, ist eine ausgewogene und unverkrampfte bauliche Entwicklung zu erwarten. Die wirtschaftlichen Zwänge mögen dazu eine wesentliche Hilfe sein.

E.5. Schlußbemerkung

Der Exkurs sollte die Möglichkeiten und Grenzen der Erhaltung traditioneller Bausubstanz und der Anwendung traditioneller Elemente beim Bau neuer Gebäude und Siedlungen in dieser Region aufzeigen. Beides setzt die Feststellung über die Notwendigkeit dieser Maßnahmen voraus.

a 182   1968 zog sich der marokkanische Staat aus der aktiven Förderung des Wohnungsbaues in den Ballungsgebieten, aber auch auf dem Lande zurück. Statt dessen wurde der wirtschaftlichen Entwicklung des Landes mit der Schaffung von Arbeitsplätzen und der Förderung privater Initiativen beim Wohnungsbau Priorität eingeräumt. Während die Erhaltung, die Erneuerung und der Neubau von Wohnungen und Siedlungen in ländlichen Gebieten nur aus finanziellen Gründen unterblieb, deren Notwendigkeit aber unbestritten war, war für das Zurückziehen des Staates aus der Wohnbauförderung in den Ballungsgebieten neben der wirtschaftlichen Situation vor allem die Erkenntnis ausschlaggebend, daß eine Verbesserung der Wohnbedingungen den Sog zu den Städten nur verstärkt und das Problem der Bidonville vergrößert.

a 183

Neben der wirtschaftlichen Entwicklung wirkt jede Stärkung der Bindung der ländlichen Bevölkerung an die heimatliche Region im doppelten Sinne positiv für die Entwicklung des Landes, indem sie die Ballungsgebiete entlastet und zugleich das Leben auf dem Lande angenehmer gestaltet.

Verstärkte bauliche Maßnahmen wirken sich ebenfalls in mehrfacher Hinsicht positiv aus, indem sie wertvolle Substanz erhalten, neue produzieren und zugleich Teil der wirtschaftlichen Entwicklung sind. Mehr als die Tigermatin haben die Ksour eine Überlebenschance. Beide sind bedeutende Zeugen der Vergangenheit. Sie sind aber auch eine Herausforderung an Gegenwart und Zukunft.

BILDTEIL

Zur Einleitung

f 1
Ksar von Ouled Amar

f 2
Tighremt n Ait Hamid in Ait el Arbi

f 3 + f 4
Gebirgsdörfer
im Hohen Atlas

f 5 + f 6
Kasbas der
Glaoua

f 7 + f 8
Kelâa im Dra-
Tal und im
Todra-Tal

f 9
f 10

Zu Kapitel 1

Landschaften im Atlas und in den Oasen am Rande der Sahara

f 11
f 12

f 13
f 14

f 15
f 16

f 17
f 18

f 19
f 20

f 21
f 22

f 23
f 24

Zu Kapitel 2

Feldwirtschaft,
Weidewirtschaft,
Markt

f 25

f 26

f 27

f 28

f 29

f 30

f 31

f 32

Transportprob-
leme   f 33

f 34

f 35

f 36

f 37

Zu Kapitel 1

Menschen im Süden Marokkos

f 38

f 39

f 40

f 41

f 42

f 43

f 44

f 45

f 46

f 47

Menschen in
Ait el Arbi

f 48

f 49
f 50

f 51
f 52

f 53

f 54
f 55

f 56
f 57

Zu Kapitel 4

Ksour, Ringer-
schließung

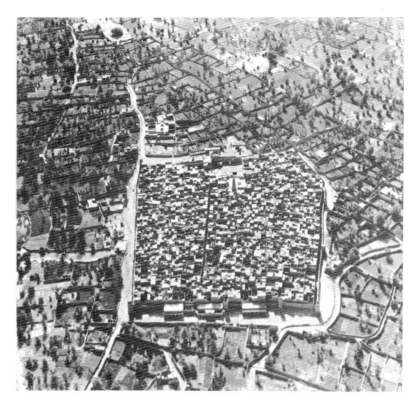

f 58

f 59

f 60

f 61

Ksour, Ringer-
schließung,
Kammerschlie-
ßung, Zaouia
(f 65)

f 62

f 63

f 64

f 65

Ksour, Wehrmauern und Türme, Eingangstor, Torbau und Vorhof im Ksar

f 66

f 67

f 68

f 69

Tigermatin
(geschlossene
Typen)

f 70

f 71

f 72

f 73

f 74

f 230

Tigermatin
(Hoftypen)

f 75

f 76

Hof, Zentral-
raum und Hof
im Tighremt

f 77

f 78

Innenhöfe, Dachterrassen im Hoftyp der Tigermatin

f 79

f 80

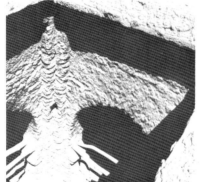
f 81

f 82

f 83

Zu Kapitel 5

Konstruktion, Baustoffe, Bauteile und ihre Verarbeitung

f 84

f 85

f 86

f 87

f 88

f 89

f 90

f 91

f 92

f 93

Konstruktive
Details

f 94

f 95

f 96

f 97

f 98

f 99
f 100

f 101
f 102

f 103
f 104

f 105
f 106

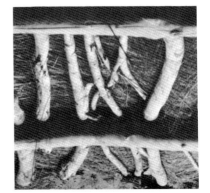

167

Konstruktive
Details

f 107

f 108

f 109

f 110

f 111

f 112

f 113

f 114

Sonderkonstruktionen

f 115

f 116
f 117

f 118
f 119

Leichte Konstruktionen aus Palmblättern und aus Bambus

f 120

f 121

Materialeigen-
schaften von
Lehm

f 122

f 123

f 124

f 125

f 126

Harte Grenz-
wirkung der
Ksarmauern

f 127

f 128

Aufgelöste Gren-
ze bei Tigerma-
tin in Amridil
und Ait Benhaddou

f 129

f 130

Dominanz der Türme beim Ksar

f 131

f 132

Dominanz der
Tigermatin
über Land-
schaft und
Siedlung

f 133

f 134

Ornament an Türmen und Zwischenfassaden von Tigermatin

f 135

f 136

f 137

f 138

f 139

f 140

f 141

f 142

f 143

f 144

Entwicklung des Ornaments zur Dekadenz

f 145
f 146

f 147
f 148

f 149
f 150

f 151
f 152

Vielfältige Anwendung geometrischer Ornamente

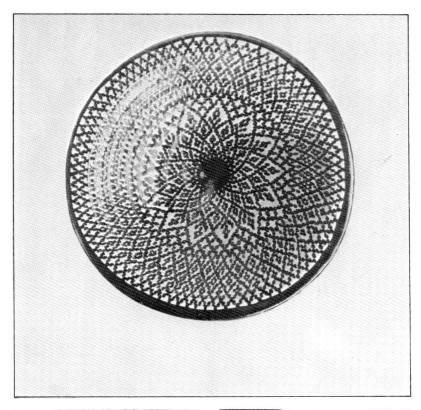

f 153

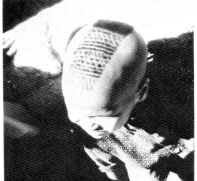

f 154
f 155

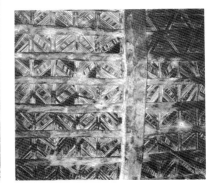

f 156
f 157

Ornamente an Decken alter und neuer Bauten

f 158

f 159
f 160

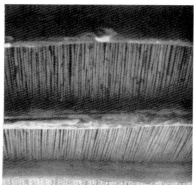

f 161
f 162

Ornament an
Türen und
Toren

f 163

f 164
f 165

f 166
f 167

Wirkung des Lichts in Ksargassen

f 168
f 169

Materialober-
fläche und
Licht

f 170
f 171

Zu Kapitel 7

Ksar von Amzrou im Jahre 1967

f 172

Ksar von Amzrou im Jahre 1977

f 173

Auflösung und
Verfall von
Ksour, Verfall
von Tigerhma-
tin

f 174
f 175

f 176
f 177

f 178
f 179

f 180
f 181

f 182

f 183

f 184

f 185

f 186

f 187

f 188

f 189

Tighremt n Ait Mouro im Jahre 1969

f 190

Tighremt n Ait Mouro im Jahre 1977 mit neu entstandenen ebenerdigen Gebäuden

f 191

Slums am Rande der Ballungsgebiete

f 192

f 193

f 194

f 195

f 196

f 197

f 198

Ait el Arbi im Jahre 1964

f 199

Ait el Arbi im Jahre 1977

f 200

Zum Exkurs

Neue ebenerdige Gebäude in Ait el Arbi und in Ait Benhaddou

f 201

f 202
f 203

f 204
f 205

Beispiele neuer baulicher Anlagen und Siedlungen

f 206

f 207

f 208

f 209

f 210

Diafa-Hotels in
Tinerhir und
Boumalne

f 211

f 212

Anhang
A 1 Anmerkungen

Anmerkungen sind als Marginalien neben den Text gesetzt. Sämtliche Marginalien sind unabhängig von den Kapiteln durchnumeriert.

Anmerkungen a 1 - an
Zeichnungen z 1 - zn
Fotos   f 1 - fn

Anmerkungen für Maße:

Die untersuchten Ksour und Tigermatin sind aus Lehm gebaut. Der Lehm hat Steineinschlüsse unterschiedlicher Größe. In der Regel verjüngen sich die Wände nach oben. Einzelne Raumwände und Gebäude sind nicht geradlinig. Decken und Fußböden biegen sich bei Belastung durch und sind zum Teil ausgetreten. Sie sind nicht immer waagerecht.

Obwohl die Horizontalmaße soweit als möglich in einer Höhe von ca. 1 m über Fußbodenoberkante gemessen wurden, sind sie ebenso wie die Vertikalmaße aus den oben angeführten Gründen, trotz exakten Aufmaßes nur als Annäherungs- oder Mittelwerte zu verstehen.

Anmerkung für Zitate:

Die Zitate entstammen überwiegend französisch- oder englischsprachiger Literatur. Sie wurden vom Verfasser exakt oder sinngemäß übersetzt. Der Originaltext ist jeweils bei den Anmerkungen aufgeführt.

Anmerkung für verwendete berberische oder arabische Begriffe:

Die Berber im Süden Marokkos kennen keine Schrift. Bei zunehmender geographischer Distanz verschiebt sich die Betonung einzelner Wörter.
Seit Generationen leben neben Berbern Araber in den untersuchten Gebieten. Arabische Bezeichnungen sind Teil berberischer Dialekte geworden. Bezeichnungen wurden zum großen Teil von Arabern oder Franzosen phonetisch erfaßt und niedergeschrieben. Aus diesem Grunde gibt es beinahe für jede Bezeichnung, für viele Namen und Begriffe mehrere Schreibweisen. Zum Teil steht neben einigen berberischen Begriffen ein arabischer.
Für die vorliegende Arbeit wurde die in Literatur oder vor Ort jeweils gebräuchlichste Bezeichnung ausgewählt. So ist es zum Beispiel zu verstehen, daß für die befestigte Siedlung der arabische Begriff Ksar und nicht der berberische Igerm gewählt wurde, während für das befestigte Wohnhaus der berberische Begriff Tighremt dem arabischen Ed Dar vorgezogen wurde.

a 1   a 1 In "System, Element und Struktur in Kernbereichen alter Städte" entwickelte Helmut Gebhard einen Vorschlag zur Bewertung bestehender städtebaulicher und baulicher Substanz, mit dem er materielle und imaterielle Merkmale der Funktion und materielle und imaterielle Merkmale des Gerüsts unterschied. Max Benses Definition der physikalischen Realität und der ästhetischen Mitrealität von Funktion und Konstruktion bewegt sich in der gleichen Richtung, ist aber enger gefaßt. Der ästethischen Mitrealität bei Max Bense stehen bei Helmut Gebhard imaterielle Merkmale gegenüber. Beide Definitionen unterscheiden sich von der herkömmlichen Gliederung in Funktion, Konstruktion und Form dadurch, daß sie der ästhetischen Mitrealität oder dem imateriellen Wert von Funktion und Konstruktion bzw. Gerüst mehr Gewicht beimessen.
In der vorliegenden Arbeit wird den imateriellen Werten ebenfalls besondere Aufmerksamkeit geschenkt. Trotzdem entspricht die Gliederung eher der herkömmlichen Unterteilung. Hierfür gibt es zwei Gründe:

Ksar und Tighremt sind Massivbauten oder nach Hart Massenbauten.
Es widerspricht dem Gefühl des Verfassers, für diese Bauformen,
den zwar philosophisch weit gefaßten, architektonisch aber miß-
verständlichen und eher dem Skelett oder Gliederbau zugeordne-
ten Begriff Gerüst zu verwenden. Als naheliegende Folgerung wäre eine Gliederung in die materiellen und imateriellen Bereiche von Funktion und Konstruktion denkbar. Sie schließt aber
einen wesentlichen Bestandteil der Architektur von Ksar und
Tighremt, nämlich das Ornament, aus der Betrachtung aus. Das
Ornament ist zwar an einzelnen Bauteilen, also an Elementen der
Konstruktion angebracht, es ist aber nicht Bestandteil der Konstruktion an sich. Die Konstruktion hat auch ohne Ornament ästhe-
tische Qualität, also weitergefaßt imateriellen Wert. Um das
Ornament zu erfassen, wurde daher im Bewußtsein der Zwänge jeder Definition der Unterteilung in die Kapitel Funktion, Konstruktion und Gestalt der Vorzug gegeben.
In den Kapiteln Funktion und Konstruktion werden die materiellen Merkmale beschrieben. Im Kapitel Gestalt werden die imateriellen Merkmale beschrieben.

Hart, F., Kunst und Technik der Wölbung, München 1965, Seite 8	a 2
Die Architektur Le Corbusiers, Louis Kahns, Paul Rudolphs, des Atelier 5, Mosche Safdies und vieler anderer wäre ohne die Kenntnis verwandter anonymer Architektur kaum denkbar.	a 3
R. Bellinghausen führte in einem Vortrag vor der Theodor-Heuss-Akademie in Gummersbach im Jahre 1974 zu diesem Thema aus: "Die Grundsätze für die staatliche technische Hilfe (für Länder der Dritten Welt, Anm. d.Verf.) legen das Schwergewicht der Hilfe auf die Integration rückständiger, insbesondere ländlicher Gebiete und damit typischerweise auf einen unterprivilegierten Personenkreis".	a 4
Kasba 64 Study Group, Nijst, A.L.M.T., Priemus, H., Swets, H.L., van Ijzeren, J.J., Living on the edge of the Sahara, The Hague 1973, Seiten 113 - 204.	a 5
Wrage, W., Straße der Kasbahs, Radebeul 1967 - Hagedorn, H., Siedlungsgeographie des Sahararaumes, zuletzt in Bauwelt 4/1972, Seiten 132 - 149 u.a.	a 6
Bauwelt 4/1968, Gaiser, W., Berbersiedlungen in Südmarokko, Tübingen 1968, Baumeister 1/1979 u.a.	a 7
Bisher wenig oder nicht beachtete Gestaltmerkmale sind zum Beispiel die Grenzen zwischen Wohnung, Siedlung und Landschaft, die Dominanz der Türme bei Ksar und Tighremt, das unterschiedliche räumliche Gefüge von offenen und geschlossenen Tigermatin, die Symmetrie in Grund und Aufriß, das divisive Gefüge innerhalb traditioneller Ksour.	a 8
Carte des Précipitations, Direction de la Conservation Foncière et des Travaux Topographiques, Rabat 1973, siehe auch Mensching, H., Marokko, die Landschaften des Maghreb, Heidelberg 1957.	a 9
siehe a 9	a 10
Boulanger, R., Marokko, Paris 1966, Seite 27	a 11
siehe a 5, Seite 14	a 12
siehe a 5, Seite 5	a 13
Kunene, R., Die Großfamilie, Stein/Nürnberg - Freiburg, 1971, Seite 34 ff., siehe auch a 5 Seite 21 - 23	a 14
Hensens, J., Habitat rural traditionnel des oasis présahariennes, in Bulletin Economique Bd. XVIII, Frankfurt am Main 1972, Seiten 46 - 48	a 15
Jacques Meunié, D., Architectures et habitats du Dadès, Paris, 1961	a 16

Seiten 38 - 39

a 17 siehe a 5, Seite 126

a 18 Jacques Meunié, D., Hierarchie sociale au Maroc présaharien, Hespéris, Archives Berbères et Bulletin de l'Institut des Hautes-Etudes Marocaines, Paris 1958, Seite 257

a 19 siehe a 15, Seite 42 ff

a 20 Jacques Meunié, D., Les oasis des Lektaoua et des Mehammid, Hespéris, Archives Berbères et Bulletin de l'Institut des Hautex-Etudes Marocaines, Paris 1958, Seiten 420 ff

a 21 Jacques Meunié, D., beziffert in Les oasis des Lektaoua et des Mehammid, die Ernteanteile der Ait Atta auf 1/14 der Datteln, der Luzerne und des Gemüseanbaus, 1/31 der Gerste und des Weizens, 1/18 des Mais und 1/18 der grün geschnittenen Gerste oder alternativ eine bestimmte Menge Stroh, siehe a 20, Seite 422

a 22 siehe a 20, Seite 400

a 23 Terrasse, H., Kasbas Berbères de l'Atlas et des Oasis, Paris 1938, Seite 132

"L'architecture des oasis qui est le produit d'une histoire qui s'échelonne sur les millenaires, nous fait toucher des âges à peine moins reculés. Ces palais de terre nous reportent aux premières cités des plaines de l'Asie antérieure ... dont les oasis du Maroc peuvent nous suggérer la vivante image".

a 24 siehe a 5, Seite 137

a 25 Egli, E., Geschichte des Städtebaues 1, Zürich 1976, Seiten 38 ff

a 26 siehe a 16, Seiten 67 ff

a 27 siehe a 16, Seite 69

a 28 siehe a 16, Seite 71

a 29 Befragung des Dorfältesten von Ait el Arbi, Youssef Ait Oussâadin. Er berichtete u.a., daß seine Vorfahren Nomaden gewesen seien. Ein Mitglied des Stammes der Ait Atta, Eigentümer eines Tighremt in Boumalne du Dadès, bestätigte, daß alle Ait Atta und Ait Seddratte der Berge noch vor wenigen Generationen Nomaden gewesen seien.

a 30 siehe a 29

a 31 Dem Begriff Alm für die Sommerweide in den Alpen entspricht bei den Berbern der Begriff almo für die Sommerweide im Atlasgebirge.

a 32 siehe a 20, Seite 400

a 33 siehe a 29

a 34 Villeneuve, M., La situation de l'agriculture et son avenir dans l'économie Marocaine, Paris 1971, Seiten 30 - 31

a 35 siehe a 20, Seite 420

a 36 Chapelle, de la F., Une cité de l'oued Dra sous le protectorat des nomades-Nesrat, Hespéris, Archives Berbères et Bulletin de l'Institut des Hautes-Etudes Marocaines, Paris 1929, 1. trim., Seiten 29 - 42

a 37 siehe a 16, Seite 78 ff

a 38 Hensens, J., Renovation de l'habitat de la vallée du Dra, Rabat 1967, Seite 10

a 39 siehe a 15, Seite 42

Kunz, J., Felsbilder im Hoggar- und Tibestigebirge, Graz, Veröffentlichung in Vorbereitung	a 40
siehe a 15, Seiten 42 ff	a 41
siehe a 15, Seite 43	a 42

"Dès ce moment, tout est en place aux oasis pour que le qsar existe: une population laborieuse d'agriculteurs sédentaires ou semi sédentaires, sous la domination de grands nomades organisant et règlementant le commerce transsaharien, ainsi que les éléments de civilisation nécessaires. Il apparaît ainsi que pour l'essentiel l'habitat historique des oasis devrait ses formes à des influences orientales et méditerranéennes antéislamiques.

siehe z.B. a 15, Seite 44, a 16, Seiten 93 ff, a 23, Seite 122	a 43
siehe a 15, Seiten 40 - 45	a 44
siehe a 16, Seiten 28 ff	a 45

"Après un certain nombre d'années de résidence collective, une ou plusieurs familles devenues notables et aisées, entreprennent de se bâtir une demeure familiale plus spacieuse. Celle-ci commence par être contiguée à son hameau, accolée au rempart, partageant l'entrée commune de l'enceinte ..."

siehe a 16, Seite 28	a 46
Terrasse, H., Histoire du Maroc, Vol. 1, Paris 1949, Seite 71	a 47
Laoust, E., L'igerm, in Hespéris, Archives Berbères et Bulletin de l'Institut des Hautes-Etudes Marocaines, 3e trimestre, Paris 1934, Seiten 183 - 184	a 48
siehe a 5, Seite 192	a 49
siehe a 47, Seite 70	a 50

"... la tighremt avec ses quatres tours d'angle, n'est pas autre chose qu'un castellum transposé en architecture berbère".

siehe a 16, Seite 24	a 51
Keine Angabe innerhalb der konsultierten Literatur weist auf ein höheres Alter hin. Youssef Ait Oussâadin schätzte 1977 das Alter der drei Tigermatin in Ait el Arbi zwischen 130 und 160 Jahren.	a 52
siehe a 15, Seite 45	a 53

"Qsar (ar.): Le nom s'applique au Maghreb au camp militaire comme au village fortifié".

siehe a 20, Seite 418 ff	a 54
Ichter, J.P., Les "Ksour" du Tafilalet, Rabat 1967, Seite 2	a 55

"Dans leur croissance - si celle-ci doit deborder du cadre initialement fixé - on observe que les Ksour tendent vers un chiffre maximum de population ... qui rarement dépasse 2.500 habitants. Au delà de cette norme, un nouveau Ksar est créé, fréquement accollé et assoscié au premier, mais doté d'une vie autonome".

Posener, J., Vorwort zu "Gartenstädte von morgen", Berlin, Frankfurt am Main, Wien 1968, Seite 7	a 56
siehe a 36, Seiten 29 - 42	a 57
siehe a 5, Seite 137	a 58
siehe a 15, Seite 47	a 59
Transhumanten werden in Marokko die Stämme des Mittleren Atlas genannt, die Wechselweidewirtschaft betreiben. Den Sommer verbringen sie mit ihren Herden und Zelten auf den Sommerweiden der höheren Gebirgsregionen. Den Winter verbringen sie in befe-	a 60

stigten Dörfern.

a 60a Kasba 64 Study Group, siehe a 5, Seite 114:
"The higher the building, the smaller the front that had to be defended".

a 61   Capot-Rey, R., Le Sahara Francais, Géographie de l'Union Francaise, 4e serie, 1, l'Afrique Islande francaise, tome II, Paris, 1953, Seite 239

a 62   siehe a 48, Seiten 124 - 127

a 63   siehe a 5, Seite 161

a 64   siehe a 15, Seite 48

a 65   siehe a 20, Seite 417

a 66   siehe a 15, Seite 48

a 67   siehe a 15, Seite 58

a 68   siehe a 5, Seite 129

a 69   siehe a 15, Seite 47

a 70   siehe a 5, Seite 127

a 71   siehe a 15, Seite 46

a 72   siehe a 15, Seite 46

a 73   siehe a 48, Seiten 170 - 171

a 74   siehe a 5, Seite 119

a 75   Hensens, J., Bauer, G., Hamburger, B., Dethier, J., Renovation de la vallée du Draa, Rabat 1967, Seite 13

a 76   siehe a 48, Seite 164

a 77   siehe a 5, Seite 134

a 78   siehe a 15, Seite 50

a 79   siehe a 16, Seite 49

a 80   siehe a 16, Seite 49

a 81   siehe a 16, Seite 49

a 82   siehe a 16, Seiten 49 - 50

a 83   siehe a 16, Seite 51

a 84   siehe a 5, Seiten 197 - 199

a 85   Die Darstellung des Dachhofes des Tighremt der Ait Mouro in "Living on the edge of the Sahara" verzichtet auf das Ornament der Hoffassaden. In der vorliegenden Arbeit wurde dies ergänzt, siehe z 144

a 86   siehe a 5, Seite 197 und a 16, Seite 35

a 87   siehe a 29:
Youssef Ait Oussâadin nannte für die drei Tigermatin jeweils vier Eigentümer, siehe z 68

a 88   In Ait el Arbi führt vor allem die bewegte Topografie und die Lage der Tigermatin der Ait Amr und der Ait Khoali unmittelbar am Felsabbruch zum Dadès zu einer sehr differenzierten Ausformung der Anbauten in Grund und Aufriß.

a 89   Piltz-Härig-Schulz, Technologie der Baustoffe, Heidelberg 1974, Seite 29

a 90   Eichler, F., Bauphysikalische Entwurfslehre 3, Berlin 1971, Seiten 189 - 190

a 91   Capot-Rey, siehe a 61, sagt dazu:

"Un Ksar saharien, même s'il n'a subi aucune déstruction, semble toujours une agglomération en ruines ou l'on ne distingue pas, au premier abord, les quartiers habités des quartiers abandonnés".

Hoffmann-Buchardi, H., Kasbahs und Berber am Atlas Marokkos, Ort und Datum des Erscheinens nicht bekannt, Seite 53	a 92
Delpy, A., Note sur l'habitat des Ida ou Semlal, Ameln et Tsoul (Maroc), in Cahiers des Arts et Techniques d'Afrique du Nord, Toulouse 1959, Seite 12	a 93
Borg, A., l'habitat a Tozeur in Cahiers des arts et techniques d'Afrique du Nord, Toulouse 1959, Seiten 100 - 101. Er berichtet über die Methoden des Schlagens und Vorbereitens von Palmholz im Südwesten Tunesiens. Diese Technik entspricht der in Marokko beobachteten.	a 94
Hoffmann-Buchardi, H., siehe a 92, Seite 61 und Kasba 64 Study Group, siehe a 5, Seite 187	a 95
Dunkelberg, K., Bambus als Baustoff, München 1977, Seiten 5 - 21	a 96
Die Kasba 64 Study Group siehe a 5, Seite 117, spricht nur von Klöppel und Klopfer aus Eisen: "The only iron element in loam architecture is the knocker, which is nailed to the door"	a 97
siehe a 16, Seiten 87 ff	a 98
Euloge, R., Pastorales Berbères, Casablanca 1956, Seiten 31 ff	a 99
Terrasse, H., siehe a 23, Seite 18, Kasba 64 Study Group, siehe a 5, Seite 135, Alain, Ch., Reconnaissances archéologiques dans le massif des Rehamma et la Bahira, Hespéris, Archives Berbères et Bulletin de l'Institut des Hautes-Etudes Marocaines, 1e-2e trim., Paris 1954, Seite 182	a 100
Gardi, R., Auch im Lehmhaus läßt sich's leben, Graz 1973, Seite 56	a 101
siehe a 16, Seite 83 "A l'intérieur de cette enceinte se trouvait une grande bâtisse ovale dont le mur, épais d'un mètre, était construit en pierre sur 2,30 m de hauteur, puis en pisé sur 1,60 m (= deux banchées de 0,80 m), puis à nouveau en pierre audessus du pisé".	a 102
siehe a 5, Seite 117	a 102a
Eine weitere Methode, die Schalung zu verspannen, besteht darin, beide seitlichen Steher in die Zapfenlöcher zu schieben, das schlaffe Endlosseil über beide Steher zu legen und mit einem kurzen Holzstab in der Mitte straffzudrehen und danach gegen den Schieber zwischen den beiden Längsschalungen zu lehnen.	a 103
Bei manchen Tigermatin werden Fenster und Türgewände aus luftgetrockneten Ziegeln gemauert. Die Stürze werden dann ausgebildet wie in Abschnitt 5.2.1.5. beschrieben.	a 104
siehe a 5, Seite 114	a 105
siehe a 16, Seite 62	a 106
Einzige Ausnahme ist zuweilen ein Tür- oder Fenstergewände, siehe a 104, wie zum Beispiel beim Tighremt n Ait Mouro in Skoura, vergl. z 127	a 107
siehe a 16, Seite 82	a 108
siehe a 101, Seite 38	a 109
siehe a 101, Seite 57	a 110
siehe a 101, Seite 56	a 111
Abd el Hafid, La maison arabe du Souf, in Cahiers des Arts et	a 112

	Techniques d'Afrique du Nord, Toulouse 1959, Seiten 47 - 51 (El Oued ist die Hauptstadt des Souf).
a 113	siehe a 5, Seite 117
a 114	siehe a 101, Seiten 242 ff
a 115	Damit ergeben sich zwei unterschiedliche konstruktive Begründungen für die Ausbildung der Eckzinnen: Die Eckzinne als verstärktes Gegengewicht gegen die Windlast an den Ecken wie bei den Zinnen des Tamesrit des Tighremt n Ait Hamid - und die Eckzinne als Gegengewicht gegen die Eigen-Wind- und Nutzlast eines möglichen Gerüsts wie bei den Zinnen der Türme des Tighremt n Ait Hamid.
a 116	siehe a 16, Seite 78
a 117	Vicente, C., L'habitation de Grande Kabylie (Algérie), in Cahiers des Arts et Techniques d'Afrique du Nord, Toulouse 1959, Seiten 17 - 29
a 118	Cerato, C., L'habitation à Oudref (Tunesie) in Cahiers des Arts et Techniques d'Afrique du Nord, Toulouse 1959, Seiten 65 - 79
a 119	siehe a 93, Seite 112
a 120	Beide Entwässerungsdetails sind auch von der Architektur des Jemen bekannt, siehe Costa, P., und Vicario, E., Yemen paese di costruttori, Mailand 1977, Seiten 62 und 106 u.a.
a 121	Zuweilen ist einmal eine Tür zu finden, bei der aufgedoppelte Bohlen in Form eines auf der Spitze stehenden Dreiecks angeordnet sind, siehe f 163
a 122	Bonette, Y. und Y., Contribution a l'étude de l'habitat au M'zab in Cahiers des Arts et Techniques d'Afrique du Nord, Toulouse 1959, Seiten 37 - 46
a 123	siehe a 99, Seite 15 links
a 124	Die Oberfläche dieses Burnus ähnelt der Oberfläche gewalkter Stoffe.
a 125	Eine mögliche Begründung für die weiße Farbe des Putzes, wie sie in Abs. 6.1. am Beispiel des Tighremt n Ait Hamid beschrieben ist, ist in der geringeren Wärmeabsorption heller Flächen zu sehen. In der Tatsache, daß die unteren Zonen von Tigermatin häufig von benachbarten Gebäuden verschattet werden und der Beobachtung, daß nur die oberen Geschosse als Wohngeschosse genutzt werden, liegt vielleicht eine Begründung für die Beschränkung des weißen Putzes an den oberen Fassadenteilen.
a 126	siehe a 29
a 127	Metzger, W., Gesetze des Sehens, Frankfurt am Main 1975, Seite 33 ff
a 128	Boukobza, A., La poterie marocaine, Casablanca 1974, Seiten 16 und 17
a 129	Kalter, J., Schmuck aus Nordafrika, Katalog einer Ausstellung des Linden-Museums, Stuttgart 1976, Seiten 75, 109, 111
a 130	Ricard, P., Corpus des tapis marocains, Tapis du Haut Atlas et du Haouz de Marrakesch, 2. Auflage, Paris 1975
a 131	Delpy, A., Note sur des haches d'arme et sur une plate de harnois trouvées au Maroc - Coquille de heurtoir formé d'une plate de harnois in Hespéris, Archives Berbères et Bulletin de l'Institut des Hautes Etudes Marocaines, Paris 1947, Seiten 450 - 454
a 132	siehe a 16, Seite 66 ff
a 133	siehe a 94, Seiten 91 - 108

Schwarz-Winklhofer-Biedermann, Zeichen und Symbole, München-Zürich 1972, Seiten 6 - 33	a 134
siehe a 129, Seite 109, Abb. 24	a 135
siehe a 129, Seiten 62 ff	a 136
siehe a 129, Seite 51	a 137
siehe a 16, Seite 49 ff	a 138
siehe a 16, Seiten 78 - 79	a 139
siehe a 16, Seite 48	a 140
Diese Höfe verfügen über jeweils acht Pfeiler	a 141
Wienands, R., Pueblos, Städte aus Lehm, in Baumeister Heft 12/1971, Seite 1514	a 141a
siehe a 141 a, Seite 1514	a 141b
Diese optische Wirkung hat Le Corbusier z.B. in Ronchamps bewußt eingesetzt.	a 142
Semper, G., Der Stil, Band 1, Mittenwald 1977, Seite XXIX ff	a 143
Jover, A., Le Maroc, Casablanca 1974, Seiten 10 und 46	a 144
siehe a 144, Seite 10, siehe auch a 34, Seite 46	a 145
siehe a 34, Seite 46	a 146
siehe a 144, Seite 33	a 147
Ministère de l'Urbanisme de l'Habitat et de l'Environnement (Herausgeber), Enquête nationale sur l'habitat rural traditionel, Rabat 1970, Seite 81, siehe auch a 144, Seite 71	a 148
siehe a 34, Seite 48 Alleine zwischen 1965 und 1975 hat sich die ländliche Bevölkerung von 3 1/2 auf über 4 Millionen Einwohner vermehrt, d.h. in 10 Jahren um nahezu 15 %.	a 149
siehe a 16, Seite 24	a 150
Mensching, H., Marokko, Die Landschaften des Maghreb, Heidelberg 1957, keine Seitenangabe	a 151
siehe a 29	a 152
Der Einsatz der Gastarbeiter richtet sich fast immer nach den wirtschaftlichen Gegebenheiten des jeweiligen Gastlandes. So wurde zum Beispiel am 1.10.1977 in der Tagesschau der ARD die Nachricht verbreitet, daß aufgrund der Beschäftigungslage ein genereller Einreisestop für Gastarbeiter in Frankreich ausgesprochen worden sei. Familienmitglieder von Gastarbeitern durften mit sofortiger Wirkung nicht mehr nachgeholt werden. Jedem Gastarbeiter, der freiwillig das Land verließ, wurde eine Prämie von 5.000 ffrs. zugesichert. Diese Maßnahme traf vor allem Nordafrikaner.	a 153
Nyerere, J., Erziehung zum Vertrauen auf die eigene Kraft, in Sonderbeilage zu Afrika heute Nr. 22/1967. Nyerere beschreibt am Beispiel Schwarzafrikas Ausbildung und Erziehungswesen früherer Generationen: "Sie lernten durch leben und arbeiten. Zu Hause und auf den Farmen lehrte man sie die Fertigkeiten ihrer Gesellschaft und das Verhalten, das von den Mitgliedern erwartet wurde. Sie lernten, welche Grasart für welche Zwecke geeignet war, ebenso wie die Arbeit auf den Feldern oder die Sorge für das Vieh bei gemeinsamer Arbeit mit den Älteren. Auch lernten sie die Stammesgeschichte und die Beziehung zu anderen Stämmen und Geistern durch die Erzählungen der Älteren kennen ..." Eine ähnliche Form der informellen Erziehung kann man sich auch	a 154

bei den Berbern im Süden Marokkos vorstellen. Allerdings gab es daneben in religiösen Zentren auch Koranschulen mit einer formalisierten Ausbildung.

a 155 siehe a 29

a 156 Breitling, P., Vortragsreise vom 20. November 1970 bis 10. Dezember 1970 durch die Großstädte des Maghreb im Auftrag des Goethe-Instituts in München - Reise- und Erfahrungsbericht, München 1971, Seite 5

a 157 siehe a 34, Seiten 43 - 48

a 158 siehe a 144, Seiten 45 ff

a 159 siehe a 144, Seiten 61 - 76

a 160 Die "Société marocaine hôtelière et touristique de Maroc" verfügt über eine eigene Hotelfachschule, an der die zukünftigen Kellner, Köche und Empfangschefs der Diafakette ausgebildet werden. Diese Schule liegt in einer kleineren Stadt nahe Fêz.

a 161 Vandorpe, J.C., Die Entwicklung der marokkanischen Slums, db 6 - 1974 und Alfonso, J.M., und Meier, R., Das Elend der großen Städte, Reinbek 1978, Seiten 99 - 100

a 162 siehe a 156, Seiten 10 ff und Hensens, J., La progression du sous-habitat urbain. Maroc de la Medina au Bidonville et du Bidonville au Lotissement clandestin, Rabat 1972, Seiten 2 - 4

a 163 siehe a 29
Von den drei großen Tigermatin Ait el Arbis waren noch zwei bewohnt. Im einen wohnten zwei alte Frauen, im anderen eine. Ein Raum im Tighremt der Ait Hamid diente als Stallung. In den Wohnräumen des 1. OG war zum Teil Stroh gelagert.

a 164 siehe a 15, Seite 56

a 165 siehe a 15, Planche III

a 166 siehe a 55, Seiten 1 - 4

a 167 Guldager, R., Ein Jahr nach Habitat Vancouver - Chance oder Illusion in Bauen und Wohnen 10/1977, Seite 383
"Menschen aus solchen Dörfern kommen im Sog der Industrialisierung in die Städte, sie suchen Arbeit, die sie in der Mehrzahl nicht finden. ..."

a 168 siehe a 167, Seite 383
"So führte der Import von Status und Macht aus den Industriestaaten zur Vernichtung von Arbeitsmöglichkeiten, zu immensen Sanierungsproblemen und zu verheerenden Dimensionen ohne Lebensqualität".

a 169 siehe a 161/1, Seite 577

a 170 siehe a 161/1, Seite 574

a 171 in "Die Entwicklung der marokkanischen Slums (siehe a 161/1) nennt Joseph C. Vandorpe u.a. den Zustand und die Überalterung der Häuser, aber auch den Wunsch der Jugend, sich der Autorität der Djema und der Beaufsichtigung durch die Gemeinschaft auf dem Lande zu entziehen, als Hauptgründe für die Wanderungsbewegung aus den ländlichen Gemeinden zu den Ballungsgebieten. Diesem Problem kann ganz oder doch zumindest teilweise mit architektonischen Mitteln begegnet werden.

a 172 siehe a 5, Seiten 115 - 116

a 173 siehe a 156, Seite 11

a 174 Prof. Joseph Wiedemann berichtete in einem Gespräch im Sommer 1979 über die gleiche Entwicklung in schwarzafrikanischen Ländern.

siehe a 5, Seite 21	a 175
siehe a 161/1, Seite 574	a 176
Das Herausziehen der Stallungen aus den Gebäuden wird vor allen Dingen dann sinnvoll, wenn infolge veränderter landwirtschaftlicher Konzepte mehr Tiere gehalten werden.	a 177
Peter Breitling berichtet in seinem Reise- und Erfahrungsbericht (siehe a 156) u.a. von einer Siedlung in Rabat, die aus kuppelüberwölbten Häusern auf achteckigem Grundraster besteht. "Die um einen Hof gruppierten achteckigen Räume sind kuppelartig überwölbt. ... Die kuppelartige Überdeckung der Einzelzellen erinnert die Marokkaner zu sehr an ihre Marabouts (Grabmäler von Heiligen) ... Da das Quartier für arabische Denkgewohnheiten zu originell aufgezäumt war, hatte es wohl von vorneherein keine große Chance. ... Der Versuch hat sich nach Aussage der (marokkanischen) Gesprächspartner als völliger Fehlschlag erwiesen". Ähnliches kann von Siedlungen zum Beispiel in Ouarzazate oder Marrakech berichtet werden, bei denen viel Innovationsfreude der Entwurfsverfasser am falschen Objekt zu Fehlschlägen geführt hat.	a 178
siehe a 161/1, Seite 576	a 179
Ministère de l'Urbanisme de l'Habitat et de l'Environnement (Herausgeber), siehe a 148/1, Seite 124	a 180
Es ist nicht zu verkennen, daß es sich beim Prototyp des Tighremt um eine spezialisierte, gewollte, auf einen bestimmten Zweck zugeschnittene, bewußt gestaltete Form handelt, deren äußere Erscheinung das entscheidende Kriterium für die Gesamtgestalt war. Entsprechend gering ist daher die Anpassungsfähigkeit und Veränderbarkeit. Die Bewohner der Tigermatin haben sich sehr bald dem Diktat der regelmäßigen vorbestimmten Form durch den Anbau freigefügter, das Hauptgebäude additiv ergänzender und beliebig erweiterbarer Nebengebäude entzogen. Gerade im Gleichgewicht zwischen der strengen Ordnung des Hauptgebäudes und der eher willkürlichen Ordnung der Nebengebäude liegt ein wesentliches Element der Qualität in der Anlage. Gebäude einer strengen, vorbestimmten und lebensbestimmenden Ordnung sind jedoch in einer Zeit stürmischer zivilisatorischer Entwicklung nur bedingt geeignet, um den sich verändernden Lebensumständen ihrer Bewohner gerecht zu werden. Siehe auch a 141a, Seiten 1513 ff.	a 181
siehe a 161/1, Seite 577	a 182
siehe a 161/1, Seite 577	a 183

A 2 Verzeichnis der konsultierten und zum Teil zitierten Quellen.

In diesem Verzeichnis sind die Quellen getrennt nach Karten und Literatur aufgeführt. Der Einzelnachweis wird bei der jeweiligen Anmerkung geführt. Karten sind in der alphabetischen Reihenfolge ihrer Bezeichnung aufgeführt. Die Literatur ist in alphabetischer Reihenfolge der Verfasser bzw. der Herausgeber aufgeführt. Fachzeitschriften werden nach ihrem Namen alphabetisch eingeordnet. Im Literaturverzeichnis sind einige Veröffentlichungen aufgeführt, die in Form von Abbildungen und Textbeiträgen beachtenswerte Aussagen zum Thema machen, ohne zitiert zu werden. Ein umfassendes Verzeichnis der wesentlichen Literatur bis zum Jahre 1964 ist in Living on the edge of the Sahara zusammengetragen.

A 2.1. Karten

1. Boumalne, Carte du Maroc 1:100.000, Rabat 1968.

2. Erfoud, Carte du Maroc 1:100.000, Rabat 1972.

3. Maroc, Carte des Précipitations mit den Teilkarten
   - Moyennes des Précipitations, calculées sur 30 ans (1933 - 1963), 1:1.600.000
   - Nombre de mois secs (1925 - 1949) 1:8.000.000.
   - Intensité moyenne diurne des précipitations athmosphériques (1925 - 1949) 1:5.000.000
   - Nombre de jours de précipitations (1925 - 1959) 1:5.000.000
   - Mois ou le nombre de jours de pluie est maximum, ohne Maßstabsangabe, Rabat 1973.

4. Maroc, Carte des Tribus, ohne Maßstabsangabe, Rabat 1977.

5. Qualaa't Mgouna, Carte du Maroc 1:100.000, Rabat 1972.

6. Skoura, Carte du Maroc 1:100.000, Rabat 1972.

7. Tinerhir, Carte du Maroc 1:100.000, Rabat 1968.

Diese Karten wurden von der Direction de la Conservation Foncière et des Travaux Topographiques, Division de la Carte des Ministère de l'Agriculture et de la Reforme agraire gezeichnet und veröffentlicht.

A 2.2. Literatur

1 Alfonso, J.M., und Meier, R., Das Elend der großen Städte, Reinbek 1978

2 Allain, Ch., Reconnaissances archéologiques dans le massif de Rehamma et la Bahira, Hespéris, Archives Berbères et Bulletin de l'Institut des Hautes-Etudes Marocaines, Paris 1954

3 Altheim, F., Entwicklungshilfe im Altertum, Reinbek 1962

4 Amicis, E., de, Marokko, Wien-Pest-Leipzig 1883

5 Bardou, P., und Arzoumanian, V., archi de terre, Marseille 1978

6 Bauen und Wohnen, 7/8, München 1976

7 Bauen und Wohnen, 10, München 1977

8 Bauwelt 9, Berlin 1977

8a Bidault, G., Maroc-Médical, Rabat 1953

9 Blair, T., Die Rolle der Architekten und Planer in der Dritten Welt in db 3, Stuttgart 1974

10 Blegvad Andersen, K., A Study of the Housing and Settlement

Patterns of Rural Kenya, Nairobi, London, New York, 1977

11 Bonette, Y. und Y., Contribution à l'étude de l'habitat au M'zab in Cahiers des Arts et Techniques d'Afrique du Nord, Toulouse 1959

12 Borg, A., l'Habitat a Tozeur in Cahiers des Arts et Techniques d'Afrique du Nord, Toulouse 1959

13 Boukobza, A., La poterie marocaine, Casablanca 1974

14 Boulanger, R., Marokko, Paris 1966

15 Brandenburg., D., Die Baumeister des Propheten, Zürich und Freiburg 1971

16 Breitling, P., Vortragsreise vom 20. November 1970 bis 10. Dezember 1970 durch die Großstädte des Maghreb im Auftrag des Goethe-Instituts in München, Reise- und Erfahrungsbericht, München 1971

17 Burckhardt, T., Marokko, Olten 1972

18 Capot-Rey, R., Le Sahara Francais, Géographie de l'Union Francaise, Paris 1953

19 Ceram, C.W., Der erste Amerikaner, Reinbek 1972

20 Cerato, C., L'habitation a Oudref (Tunesie) in Cahiers des Arts et Techniques d'Afrique du Nord, Toulouse 1959

21 Chapelle, de la, F., Une cité de l'oued Dra sous le protectorat des nomades-Nesrat, Hespéris, Archives Berbéres et Bulletin de l'Institut des Hautes-Etudes Marocaines, Paris 1929

22 Chueca Gaitia, F., La Moschea di Cordova, Milano 1965

23 Costa., P., und Vicario, E., Yemen paese di costruttori, Milano 1977

24 Critchlow, K., Islamic Patterns, London 1976

25 Croix, H., de la, Military Considerations in City planning: Fortifications, New York 1972

26 Delpy, A., Note sur des haches d'arme et sur une plate de harnois trouvées au Maroc - Coquille de heurtoir formée d'une plate de harnois in Hespéris, Archives Berbéres et Bulletin de l'Institut des Hautes-Etudes Marocaines, Paris 1947

27 Delpy, A., Note sur l'habitat des Ida ou Semlal, Ameln et Tsoul (Maroc), in Cahiers des Arts et Techniques d'Afrique du Nord, Toulouse 1959

28 Der Architekt 5, Bonn 1976

30 Dietrich, R.J., Pueblo, Aspekte kommunitärer sozio-technischer Systeme in db-6, Stuttgart 1969

31 Dietz, E., Glaube und Welt des Islam, Stuttgart 1941

32 Donnadieu, C. und P., Didillon, H. und J.-M., Habiter le désert, les maisons mozabites, Bruxelles 1978

33 Dunkelberg, K., Bambus als Baustoff - Elementar handwerkliche Anwendung am Beispiel Südostasiens, München 1977

34 Eberl, W., Bayerisches Denkmalschutzgesetz, München 1973

35 Ecochard, M., Schemas des plans - types maisons rurales, Rabat 1952

36 Egli, E., Geschichte des Städtebaus, 1, Zürich 1976

37 Eichler, F., Bauphysikalische Entwurfslehre 3, Berlin 1971

38 Euloge, R., Pastorale Berbères, Casablanca 1956
39 Fathy, H., Architecture for the Poor, Chicago und London 1973
40 Fraser, D., Village planning in the primitive world, New York 1968
41 Futagawa, Y., Marocco, Tokyo 1975
42 Gaiser, W., Berbersiedlungen in Südmarokko, Tübingen 1968
43 Garcia Gômez, E.,und Bermûdez Parega, J., l'Alhambra: le Palais Royal, Firenze 1966
44 Gardi, R., Auch im Lehmhaus läßt sichs leben, Graz 1973
45 Gardi, R., Cram Cram, Stuttgart 1973
46 Gardi, R., Unter afrikanischen Handwerkern, Graz 1972
47 Gebhard, H., System, Element und Struktur in Kernbereichen alter Städte, dargestellt an der Stadt Dinkelsbühl und den Nachbarstädten Rothenburg o.d.T., Nördlingen und Donauwörth, Stuttgart/Bern 1969
48 Glasenapp, H., von, Die nichtchristlichen Relgionen, Frankfurt am Main 1957
49 Goldfinger, M., Villages in the Sun, New York-Washington 1969
50 Grandjean, E., Wohnphysiologie, Zürich 1973
51 Günther, T., und Ribbeck, E., Infrastrukturplanung für Wohngebiete in Entwicklungsländern in db-4, Stuttgart 1974
52 Guidoni, E., Architektur der primitiven Kulturen, Stuttgart 1976
53 Guldager, R., Ein Jahr nach Habitat Vancouver - Chance oder Illusion in Bauen und Wohnen 10, München 1977
54 Hagedorn, H., Siedlungsgeographie des Sahararaumes, Bauwelt 4, Berlin 1972
55 Hart, F., Kunst und Technik der Wölbung, München 1965
56 Heintz, P., Soziologie der Entwicklungsländer, Köln-Berlin 1962
57 Helfritz, H., Marokko - Berberburgen und Königsstädte des Islam
58 Hensens, J., Ain Chouater, recasement des sinistères des inondations du Guir, Création d'un nouveau village, Rabat 1969
59 Hensens, J., Habitat rural traditionel des oasis présahariennes, Bulletin Economique et Social du Maroc, Rabat 1969
60 Hensens,J., Habitat rural, zone de mise en valeur agricole du Ziz-Tafilalt - schema de structure, Rabat 1970
61 Hensens, J., La progression du sous-habitat urbain, Maroc de la Medina u Bidonville et du Bidonville au Lotissement clandestin, Rabat 1972
62 Hensens, J., Bauer, G., Hamburger, B.,Dethier, J., Renovation de l'habitat de la vallée du Draa, Rabat 1967
63 Hensens, J., Types et nature de l'habitat au Maroc, Rabat 1972
64 Hoag, J., Architektur des westlichen Islam, Ravensburg 1965
65 Hoag, J., Islamische Architektur, Stuttgart 1976

66 Hoffmann-Buchardi, H., Kasbahs und Berber am Atlas Marokkos, Erscheinungsort und Datum nicht bekannt
67 Hohmann, H., Giebellucken und Stadlgitter, Graz 1975
68 Ichter, J.P., Les "Ksour" du Tafilalet, Rabat 1967
69 Jacques-Meunié, D., Architectures et habitats du Dadès, Paris 1962
70 Jacqes-Meunié, D., Cités anciennes de Mauritanie, Paris 1961
71 Jacques-Meunié, D., Greniers-citadelles au Maroc, Paris 1951
72 Jacques-Meunié, D., Hierarchie sociale au Maroc présaharien. Hespéris, Archives Berbères et Bulletin de l'Institut de Hautes-Etudes Marocaines, Paris 1958
73 Jacques-Meunié, D., Les oasis des Lektaoua et des Mehammid, Hespéris, Archives Berbères et Bulletin de l'Institut des Hautes-Etudes Marocaines, Paris 1947
74 Jover, H., Le Maroc, Casablanca 1974
75 Kalter, J., Schmuck aus Nordafrika, Stuttgart 1976
76 Kasba 64 Study Group, Nijst, A.L.M.T., Priemus, H., Swets, H.L., van Ijzeren, J.J., Living on the edge of the Sahara, The Hague 1973
77 Knuffel, W.E., The construction of the Bantu grass hut, Graz 1973
78 Kreiser, K., Diem, W., Majer, H.G. (Herausgeber), Lexikon der Islamischen Welt, 3 Bände, Stuttgart 1974
79 Kroneberg, E., Zum Beispiel Marokko, München 1970
80 Kühnel, E., Die Moschee, Graz 1974
81 Kunene, R., Die Großfamilie, Stein/Nürnberg-Freiburg 1971
82 Kunz, J., Felsbilder im Hoggar-und Tibestigebirge, Graz, Veröffentlichung in Vorbereitung
83 Landau, R., The Kasbas of Southern Morocco, London 1969
84 Laoust, E., L'Igerm, Hespéris, Archives Berbères et Bulletin de l'Institut des Hautes-Etudes Marocaines, Paris 1934
85 L'architecture, d'aujourd'hui, 167, Boulogne-Billancourt, 1973
86 L'architecture d'aujourd'hui, 196, Boulogne-Billancourt, 1978
87 Mackensen, R., Modernisierung und Verstädterung in der Dritten Welt in db-3, Stuttgart 1974
88 Marasović, T., Diokecijanova Palača, Beograd 1967
89 Mensching, H., Marokko, die Landschaften des Maghreb, Heidelberg 1957
90 Merian, Marokko 9 XVI, Hamburg 1963
91 Merian, Marokko 12 XXVIII/C, Hamburg 1975
92 Metzger, W., Gesetze des Sehens, Frankfurt am Main 1975
93 Ministère de l'Urbanisme, de l'Habitat et de l'Environnement (Herausgeber), Enquête nationale sur l'habitat rural traditionnel, Rabat 1970
94 Moholy-Nagy, S., Die Stadt als Schicksal, München 1968

95 Müller, W., und Vogel, G., (Herausgeber) dtv-Atlas zur Baukunst, München 1974

96 Niermann, M., Stichworte zur Urbanisierung in der Dritten Welt in db-3, Stuttgart 1974

97 Nigg, W., Marokko, Bern 1962

98 Nyerere, J., Erziehung zum Vertrauen auf die eigene Kraft, in Sonderbeilage zu Afrika heute Nr. 22, 1967

99 Oliver, P., Shelter in Afrika, London 1971

100 Piltz-Härig-Schultz, Technologie der Baustoffe, Heidelberg 1974

101 Posener, J., Vorwort zu Gartenstädte von morgen, Berlin, Frankfurt am Main, Wien 1968

102 Probst, E., Marokko, Zürich 1955

103 Rainer, R., Anonymes Bauen im Iran, Graz 1977

104 Rapoport, A., house form and culture, Englewood Cliffs, N.J., 1969

105 Resch, W., Humaner Wohnungsbau in Entwicklungsländern, Stein und Freiburg 1973

106 Ricard, P., Corpus des tapis marocains, Tapis du Haut Atlas et du Haouz de Marrakech, 2. Auflage, Paris 1975

107 Roche, M., Le M'zab, Strasbourg 1973

108 Rouget, B., Maroc, pièrres et âmes, Casablanca ohne Erscheinungsdatum

109 Rudofsky, B., Architecture without architects, New York 1965

110 Schreckenbach, H., Wohnzellen und Arbeitszellen = Biotektur? - Volksarchitektur in Nordghana in Baumeister 2-1969

111 Schwarz-Winklhofer, I.- Biedermann, H., Zeichen und Symbole, München-Zürich 1972

112 Semper, G., Der Stil, Band 1, Mittenwald 1977 (Neuauflage)

113 Soeder, H., Urformen der abendländischen Baukunst, Köln 1964

114 Spillman, G., Les Ait Atta du Sahara et la pacification du Haut Dra, Rabat 1936

115 Supplee, Ch., und Anderson, D. und B., Canyon de Chelly, Las Vegas 1971

116 Talbot Rice, D., Islamic art, London 1975

117 Terrasse, H., Histoire du Maroc, Vol. 1, Paris 1949

118 Terrasse, H., Kasbas Berbères de l'Atlas et des Oasis, Paris 1938

119 Terrasse, H., Un tournant de l'histoire musulmane: le XIe siècle en Berbérie d'après un livre récent, in Hespéris, Archives Berbères et Bulletin de l'Institut des Hautes-Etudes Marocaines, Paris 1947

120 Thormann-Wirz, E., und Thormann, F., St. Gallen 1964

121 Vandorpe, J.C., Die Entwicklung der marokkanischen Slums, in db-6, Stuttgart 1974

122 Vicente, C., L'Habitation de Grande Kabylie (Algérie) in Cahiers des Arts et Techniques d'Afrique du Nord, Toulouse 1959

123 Villeneuve, M., La situation de l'agriculture et son avenir dans l'économie marocaine, Paris 1971

124 Wienands, R., Pueblos, Städte aus Lehm in Baumeister 12-1971

125 Wrage, W., Straße der Kasbahs, Radebeul 1967

A 2.3. Vorträge im Manuskript des Verfassers bzw. des Vortragenden, Gesprächsnotizen, Befragungsergebnisse im Manuskript des Verfassers oder auf Tonbändern.

1 Bellinghausen, R., "Die Grundsätze für die staatliche technische Hilfe", Gummersbach 1974, im Manuskript des Vortragenden

2 Ait Oussãadin, Y., Befragung des Dorfältesten von Ait el Arbi im Manuskript des Verfassers bzw. in Tonbandaufnahmen

3 Konstantinidis, A., Griechische Architektur im 20. Jahrhundert, Vortrag gehalten an der TU München am 22.2.1979 im Manuskript des Verfassers

4 Wiedemann, J., Notiz über ein Gespräch mit Prof. J. Wiedemann im Manuskript des Verfassers

5 Wiehem, R., Lehmbauten im Südjemen, Vortrag beim BDA Bayern in München, Frühsommer 1979, im Manuskript des Verfassers

A 3 Verzeichnis der Abbildungen

A 3.1. Verzeichnis der Zeichnungen

A 3.1.1. Allgemeine Anmerkungen zu den Zeichnungen

Die Herkunft der Zeichnungen ist im Verzeichnis belegt. Originalzeichnungen des Verfassers sind gekennzeichnet: (J.A.) Interpretationen von Originalzeichnungen Dritter sind gekennzeichnet: (nach ..., I.d.V. (Interpretation des Verfassers)). Originalzeichnungen Dritter sind gekennzeichnet: (nach ...).

A 3.1.2. Zeichnungen

z 1   Ksar von Ouled Amar (J.A.)

z 2   Tighremt n Ait Hamid (J.A.)

z 3   Verbreitungsgebiet von Ksour (nach Kasba 64 Study Group)

z 4   Verbreitungsgebiet von Tigermatin (nach Kasba 64 Study Group)

z 5   Großräumige geographische Lage (nach Meyers Großer Weltatlas

z 6   Untersuchungsgebiet (nach Michelin 169, Maroc)

z 7   Niederschläge (nach Mensching)

z 8   Temperaturen (reduzierte mittlere absolute Minima des kältesten Monats (nach Bidault, zitiert nach Mensching))

z 9   Temperaturen (reduzierte mittlere absolute Maxima des wärmsten Monats (nach Bidault, zitiert nach Mensching))

z 10 Seßhafte (nach Kasba 64 Study Group)

z 11 Nomaden (nach Kasba 64 Study Group)

z 12 Ksar und Tighremt von Amridil (nach Jacques-Meunié, D.)

z 13 Mögliche Entwicklung des Tighremt aus dem Ksar (J.A.)

z 14 Mögliche Entwicklung des Tighremt aus dem Ksarhaus (J.A.)

z 15 Agadir n Ougdal (nach Wrage)

z 16 Leqsiba Tat Ifli (Kriegsdorf (nach Jacques-Meunié, D.))

z 17 Agoudim n Ouadjo (Kriegsdorf (nach Jacques-Meunié, D.))

z 18 Ksour von Agoummate und Ouled Limane (nach Jacques-Meunié, D., und Kasba 64 Study Group))

z 19 Ksar der Ait Iloussan (nach Laoust)

z 20 Ksar von Amoqram (nach Laoust)

z 21 Ksar der Ait Issoumour (nach Laoust)

z 22 Ksar von Tawouhait (nach Laoust)

z 23 Ksar von Boukhlal (nach Hensens, I.d.V.)

z 24 Ksar Ti-n Aomar (nach Laoust)

z 25 Ksar von Tajilalit (nach Laoust)

z 26 Ksar der Ait Atto (nach Laoust)

z 27 Ksar von el Hart (nach Laoust)

z 28 Ksar von Ouled Limane, eingebundene Stellung der Wehrmauer, (nach Kasba 64 Study Group)

z 29 Ksar von Ouled Limane, Erschließungssystem und Schnitt (nach Kasba 64 Study Group, I.d.V.)

z 30 Ksar von Boukhlal, freie Stellung der Wehrmauer (I.d.V.)

z 31 Ksar von Boukhlal, Parzellierung und Erschließungssystem (nach Hensens, I.d.V.)

z 32 Eingang, Gebäude und Höfe beim Ksar von Ouled Amar (J.A.)

z 33 Eingangsgebäude beim Ksar von Bou Zmella, EG und Schnitt (nach Ministère de l'Urbanisme, de l'Habitat et de l'Environnement du Maroc)

z 34 Eingangsgebäude beim Ksar von Bou Zmella, OG und DG (nach Ministère de l'Urbanisme, de l'Habitat et de l'Environnement du Maroc)

z 35 Eingangsgebäude und Höfe beim Ksar von Agouni, EG und OG (nach Jacques-Meunié, D.)

z 36 Ksar von Agoummate (nach Jacques-Meunié, D.)

z 37 Ksar von Targa (nach Laoust)

z 38 Ksar der Ait Ouafella (nach Laoust)

z 39 Haus in Ouled Mahya (einseitiger Anbau an Zentralraum) (nach Jacques-Meunié, D.)

z 40 Haus A in Ouled Limane (zweiseitiger Anbau an Zentralraum) (nach Kasba 64 Study Group)

z 41 Haus 51 in Boukhlal ohne spätere Erweiterung (dreiseitiger Anbau an Zentralraum) (nach Hensens, I.d.V.)

z 42 Haus in Nesrat (zweiseitiger Anbau an Zentralraum) (nach Jacques-Meunié, D.)

z 43 Haus in Tabouassamt (vierseitiger Anbau an Zentralraum) (nach Jacques-Meunié, D.)

z 44 Tighremt von Amridil, EG (nach Jacques-Meunié, D.)

z 45 Tighremt n Ait Hammou ou Manesour, EG (nach Jacques-Meunié, D.)

z 46 Tighremt n Ait Ouarrab, Schnitt (nach Kasba 64 Study Group)

z 47 Tighremt von Tadoula, Schnitt (nach Kasba 64 Study Group)

z 48 Tighremt Hamed n Ait Sous, EG (nach Jacques-Meunié, D.)

z 49 Tighremt im Ksar von el Quebbaba, EG (nach Jacques-Meunié, D.)

z 50 Tighremt n Ait Bel el Hossêine, EG (nach Jacques-Meunié, D.)

z 51 Tighremt n Ait Bou Said, EG (nach Jacques-Meunié, D.)

z 52 Tighremt n Ait Ougrour (Tiflit), EG (nach Jacques-Meunié, D.)

z 53 Tighremt n Ait Mouro (Skoura), EG (nach Kasba 64 Study Group)

z 54 Tighremt n Ait Mouro, 1. OG (nach Kasba 64 Study Group)

z 55 Tighremt n Ait Mouro, Schnitt A-A (nach Kasba 64 Study Group

z 56 Tighremt n Ait Mouro, 2. OG (nach Kasba 64 Study Group)

z 57 Tighremt n Ait Mouro, 3. OG (nach Kasba 64 Study Group)

z 58 Tighremt n Ait Mouro, EG mit Anbauten und Höfen (nach Kasba 64 Study Group)

z 59 Tigermatin Abd er Rahmane und Hamed n Ait Sous, EG, mit Anbauten und Höfen (nach Jacques-Meunié, D.)

z 60 Agglomeration von Tigermatin im Ksar el Kherraz (Skoura), EG (nach Jacques-Meunié, D.)

z 61 Tighremt n Ait Hammou ou Manesour, EG, mit Anbauten und Höfen (nach Jacques-Meunié, D.)

z 62 Tighremt n Ait Aali ou Brahim (Tounfite), EG (nach Jacques-Meunié, D.)

z 63 Tighremt n Ait Hasséine (Ait Toundoute), EG und Schnitt (nach Jacques-Meunié, D.)

z 64 Tighremt n Ait Mezdou (Imassine), EG (nach Jacques-Meunié, D.)

z 65 Tighremt n Ait Hamid (Ait el Arbi), EG (J.A.)

z 66 Tighremt n Ait Amr (Ait el Arbi), EG (J.A.)

z 67 Tighremt n Ait Khoali (Ait el Arbi), EG (nach Jacques-Meunié, D.)

z 68 Tighremt n Ait Hamid (Ait el Arbi), EG, mit Angabe der Besitzverhältnisse im Tighremt (J.A.)

z 69 Tighremt n Ait Hamid, 1. OG (J.A.)

z 70 Tighremt n Ait Hamid, 2. OG (J.A.)

z 71 Tighremt n Ait Hamid, 3. OG (J.A.)

z 72 Tighremt n Ait Hamid, Schnitt A-A (J.A.)

z 73 Tighremt n Ait Hamid, 4. OG (J.A.)

z 74 Tighremt n Ait Hamid, 5. OG (J.A.)

z 75 Tighremt n Ait Hasséine mit Anbauten und Höfen (nach Jacques-Meunié, D.)

z 76 Tigermatin n Ait Amr und Ait Khoali mit Anbauten und Höfen (nach Jacques-Meunié, D. und J.A.)

z 77 Ruine eines Lehmturmes im Dadèstal (J.A.)

z 78 Schichtmauerwerk aus Stampferdequadern (nach Jacques-Meunié, D.)

z 79 Schichtmauerwerk aus Stampferdequadern (nach Jacques-Meunié, D., I.d.V.)

z 80 Natursteinmauerwerk in Msemrir (J.A.)

z 81 Naturstein und Stampferde kombiniert (nach Jacques-Meunié, D.)

z 82 Schalung für Wände aus Stampferde (nach Hensens)

z 83 Schalung (nach Hensens)

z 84 Transport und Verarbeitung von Stampferde (J.A.)

z 85 Kurzstilige Hacke und Model zur Herstellung von luftgetrockneten Ziegeln (nach Borg)

z 86 Optisches Erscheinungsbild des Ziegelornaments (verputzt) (J.A.)

z 87 Ornament aus Ziegeln (unverputzt) (J.A.)

z 88 Ziegelverband (J.A.)

z 89 Ausbildung der Mauerkrone beim Tighremt n Ait Hamid (J.A.)

z 90 Balkenlage über EG beim Tighremt n Ait Hamid (J.A.)

z 91 Deckenkonstruktion mit Bambus in der großen Kabylei (Algerien) (nach Vicente)

z 92 Verknoten des langstiligen Bambus in Oudref (Tunesien) (nach Cerato)

z 93 Einbetten des kurzstiligen Bambus in eine Lehmmörtelauflage im Süden Marokkos (J.A.)

z 94 Schematische Darstellung der Deckenkonstruktion im Tamesrit des Tighremt n Ait Khoali (J.A.)

z 95 Konstruktion der Tür beim Tighremt n Ait Hamid (J.A.)

z 96 Schlüssel zum Tighremt n Ait Hamid (J.A.)

z 97 Nordafrikanisches Schloß (nach Y. und Y. Bonette)

z 98 Fenstergitter aus Eisen (J.A.)

z 99 Fenstergitter aus Holz (J.A.)

z 100 Durchlüftung, Erwärmung und Kühlung des geschlossenen Tighremt (Tighremt n Ait Hamid) (J.A.)

z 101 Kühlung, Lüftung und Erwärmung des Hoftyps (Tighremt n Ait Mouro) (J.A.)

z 102 Tighremt n Ait Hamid, Ansicht von Westen (J.A.)

z 103 Tighremt n Ait Hamid, Ansicht von Osten (J.A.)

z 104 Tighremt n Ait Hamid, Ansicht von Süden (J.A.)

z 105 Tighremt n Ait Hamid, Ansicht von Norden (J.A.)

z 106 Wehrmauer als Grenze beim Ksar von Ouled Amar (J.A.)

z 107 Grenzwirkung der Wehrmauer bei Ksar und Kasba von Taurirt (Ouarzazate) (J.A.)

z 108 Grenze beim Ksar von Boukhlal (nach Hensen, I.d.V.)

z 109 Grenze beim Ksar von Ouled Limane (nach Kasba 64 Study Group, I.d.V.)

z 110 Grenze zwischen Tighremt und Landschaft, Tigermatin n Ait Mouro und Ait Hamid (zum Teil nach Kasba 64 Study Group, I.d.V. und J.A.)

z 111 Grenze bei den Tigermatin Abd er Rahman und Hamed n Ait Sous (nach Jacques-Meunié, D., I.d.V.)

z 112 Dominanz der Türme beim Ksar von Ait Aissa ou Brahim (J.A.)

z 113 Dominanz der Tigermatin n Ait Khoali und Ait Amr über die umgebende Landschaft (J.A.)

z 114 Dominanz der Tigermatin n Ait Hamid, Ait Amr und Ait Khoali über Ait el Arbi (J.A.)

z 115 Dominanz des Tighremt von Tazentout über das Ksar (J.A.)

z 116 Dominanz der Türme beim Ksar von Ouled Limane (nach Kasba 64 Study Group, I.d.V.)

z 117 Dominanz (Ausstrahlung) des Tighremt als Ganzes (Tighremt n Ait Hamid) (J.A.)

z 118 Tighremt n Ait Hamid, Nordansicht, Ziegel- und Schalungsraster als Einflußgrößen der Gestalt (J.A.)

z 119 Tighremt n Ait Mouro, Grundriß EG, Balkenraster als Einflußgröße von Gestalt und Raumdimension (J.A.)

z 120 Ziegelornament an einem Turm des Ksar von Ait Aissa ou Brahim (J.A.)

z 121 Ziegelornament an einem Turm des Tighremt Hamed n Ait Sous (J.A.)

z 122 Ziegelornament an Turm und Zwischenfassade des Tighremt n Ait Hamou ou Manesour (J.A.)

z 123 Ziegelornament am Turm eines Tighremt in der Oase von Skoura (J.A.)

z 124 Tighremt n Ait Khoali (Ait el Arbi) von Osten (J.A.)
z 126 Tor zum Ksar von Ait Aissa ou Brahim (J.A.)
z 127 Türbalken der Tigermatin n Ait Mouro (Skoura), Ait Amr und Ait Hamid (Ait el Arbi) (J.A.)
z 128 Tür zur Kasba von Telouet (J.A.)
z 129 Detail der Tür von Telouet (J.A.)
z 130 Detail der Tür von Telouet (J.A.)
z 131 Tür zum Tighremt n Ait Ougrour in Tiflit (J.A.)
z 132 Tür zum Tighremt n Ait Hamid in Ait el Arbi (J.A.)
z 133 Ornamentale Gestaltung der Decke durch Verlegeart der Bambusausfachung (senkrecht zu den Hauptbalken) (J.A.)
z 134 Ornamentale Gestaltung der Decke durch Verlegeart der Bambusausfachung in einem neuen Haus in Ait el Arbi, schräg und parallel zu den Hauptbalken (J.A.)
z 135 Ornamentale Gestaltung der Decke durch Verlegeart der Bambusausfachung im Haus von Youssef Ait Oussâadin, schräg zu den Balken (J.A.)
z 136 Überlagerung und Verfeinerung des Verlegeornaments von z 135 durch Farbgebung (J.A.)
z 137 Ornamentale Gestaltung der Decke im Tamesrit des Tighremt n Ait Khoali durch Verlegeart der Bambusausfachung, schräg zu den Balken, in zwei Schichten (J.A.)
z 138 Überlagerung und Verfeinerung des Verlegeornaments von z 137 durch Farbgebung, Beispiel 1 (J.A.)
z 139 Ornamentale Gestaltung der Decke im Tamesrit des Tighremt n Ait Hamid, Kombination von zwei Systemen (J.A.)
z 140 Überlagerung und Verfeinerung des Verlegeornaments von z 137 durch Farbgebung, Beispiel 2 (J.A.)
z 141 Ornamentale Gestaltung des Innenhofes beim Tighremt n Ait Ougrour von Tiflit (nach Jacques-Meunié, D.)
z 142 Ornamentale Gestaltung des Innenhofes beim Tighremt n Ait Bou Said (nach Jacques-Meunié, D.)
z 143 Ornamentale Gestaltung des Innenhofes beim Tighremt n Ait Aamoun (nach Jacques-Meunié, D.)
z 144 Blendwerkgeschmückter Dachhof beim Tighremt n Ait Mouro in Skoura (nach Kasba 64 Study Group, Ergänzung durch den Verfasser)
z 145 Divisives Gefüge beim Ksar von Ouled Amar (J.A.)
z 146 Agglomeration von Tigermatin in Ait Benhaddou, additives Gefüge (J.A.)
z 147 Additives Gefüge von Ait Benhaddou (J.A.)
z 148 Folge von geschlossenen Räumen im Tighremt n Ait Hamid (geschlossener Tighremt) (J.A.)
z 149 Durchdringung von vielfältig gezonten Räumen im Tighremt n Ait Mouro (Hoftyp) (J.A.)
z 150 Differenziertes Spiel von Licht und Schatten auf der rauhen Oberfläche von Wänden in Ksargassen (J.A.)
z 151 Hell-Dunkelkontraste in einer Ksargasse (J.A.)
z 152 Licht und Schatten in einer Ksargasse (J.A.)
z 153 Symmetrie zur X- und Y-Achse im EG-Grunriß des Tigh-

remt n Ait Hamid (J.A.)

z 154   Symmetrie zur X- und Y-Achse im EG-Grundriß des Tighremt n Ait Mouro (J.A.) (nach Kasba 64 Study Group,I.d.V.)

z 155   Assymetrie zur Z-Achse im Aufriß des Tighremt n Ait Hamid (J.A.)

z 156   Symmetrie zur Z-Achse im Aufriß des Tighremt n Ait Mouro (J.A.) (nach Kasba 64 Study Group, I.d.V.)

z 157   Symmetrie zur Y-Achse im EG-Grundriß des Tighremt n Ait Amr (J.A.)

z 158   Annähernde Symmetrie zur Y-Achse im EG-Grundriß des Ksar von Agoummate (J.A.) (nach D.Jacques Meunié,I.d.V.)

z 159   Symmetrie zur Y-Achse im EG-Grundriß des Tighremt n Ait Khoali (J.A.) (nach D. Jacques Meunié, I.d.V.)

z 160   Annähernde Symmetrie (Ebenmaß) beim Ksar der Ait Iloussan (J.A.) (nach Laoust, I.d.V.)

z 161   Zerfallsprozeß bei einem Turm des Ksar von Ait Aissa ou Brahim (J.A.)

z 162   Ebenerdiges Haus in Tadoula, erbaut 1958 (nach Ministère de l'Urbanisme, de l'Habitat et de l'Environnement)

z 163   Ebenerdiges Haus in Baasir, erbaut 1958 (nach Ministère de l'Urbanisme, de l'Habitat et de l'Environnement)

z 164   Haus in Tabouhassamt, E + 1, erbaut 1968 (nach Ministère de l'Urbanisme, de l'Habitat et de l'Environnement)

z 165   Haus in Tounfite, erbaut 1960 (nach Ministère de l'Urbanisme, de l'Habitat et de l'Environnement)

z 166   Planung für die neue Siedlung von Ain Chouater von 1969 (nach der Zerstörung des bestehenden Dorfes durch Überschwemmung) (nach Hensens)

z 167   Parzellierung des Ortsteiles Chouater in Ain Chouater (nach Hensens)

z 168   Erschließung des Ortsteiles Chouater in Ain Chouater (nach Hensens)

z 169   Haus 51 in Boukhlal mit Erweiterung außerhalb der Wehrmauer, EG (nach Hensens)

z 170   Haus 51 in Boukhlal,1.OG (nach Hensens)

z 171   Haus 51 in Boukhlal, 2. OG (nach Hensens)

z 172   Haus 51 in Boukhlal, Schnitt (nach Hensens)

z 173   Erweiterung des Ksar von Boukhlal über die Wehrmauer hinaus (nach Hensens)

z 174   Aufgelöste neue Grenze des erweiterten Ksar von Boukhlal (nach Hensens, I.d.V.)

z 175   Gegenüberstellung der Grenzen und der Anzahl der Wohneinheiten beim Ksar von Ouled Limane mit denen des Ortsteiles Chouater in Ain Chouater (nach Hensens und Kasba 64 Study Group, I.d.V.)

z 176   Grundrisse von Wohnungen in wilden Siedlungen (Bidonville) am Rande der Ballungsgebiete (nach Vandorpe)

z 177   Schematische Darstellung von Ksour mit traditioneller Erweiterung (nach Hensens)

z 178   (Schematische Darstellung des heutigen Zustands von Ksour (nach Hensens) z 179 Schematische Darstellung einer möglichen bereinigten Entwicklung (nach Hensens)

z 180 Schematische Darstellung einer möglichen Alternative zur Entwicklung (J.A.)

z 181 Stufenweise Erweiterungsmöglichkeiten eines Haustyps für Ain Chouater auf der Parzelle (hohe Dichte im ausgebauten Zustand, GFZ = ca. 2,5, GRZ = ca. 0,66) (nach Hensens, I.d.V.)

z 182 Haustyp für Ain Chouater, EG (nach Hensens)

z 183 Haustyp für Ain Chouater, 2. OG (nach Hensens)

z 184 Haustyp für Ain Chouater, 1. OG (nach Hensens)

z 185 Haustyp für Ain Chouater, Schnitt A-A (nach Hensens)

z 186 Vorschlag für ein zeitgemäßes Ksar, Grenzwirkung (nach Hensens, I.d.V.)

z 187 Vorschlag für ein zeitgemäßes Ksar, Erschließung (nach Hensens, I.d.V.)

z 188 Vorschlag für ein zeitgemäßes Ksar, Funktionsgliederung (nach Hensens)

z 189 Ornament in Zementputz am Turm des Caidats von Zagora (J.A.)

z 190 Evolution und Variation von modernen Ksarhaustypen, Lageplan, Grundriß I. OG, Schnitt (nach Hensens, I.d.V.)

Verzeichnis der Bilder

Allgemeine Anmerkung

Die meisten Fotos entstanden während der Aufenthalte in den Jahren 1966, 1969, 1973 und 1977. Sie wurden vom Verfasser (1966, 1969, 1973 und 1977), von M. Adam (1966, 1969) und von Dr. G. Roth (1973) aufgenommen. Sie sind im Verzeichnis nicht näher bezeichnet.

Bei den übrigen Fotografien ist der Verfasser und die Jahreszahl der Entstehung aufgeführt. Die Fotos sind jeweils von links nach rechts bezeichnet. Sie sind nach der Gliederung des Textes geordnet.

f 1	Ksar von Ouled Amar, Tagounite (Papini 1967)	zu Kapitel 0
f 2	Tighremt n Ait Hamid, Ait el Arbi (1977)	
f 3	Bergdorf am Tiz'n Tichka (1973)	
f 4	Bergdorf am Tiz'n Test (1973)	
f 5	Kasba nahe Agdz (1977)	
f 6	Kasba nahe Ait Benhaddou (1973)	
f 7	Kelâa im Dratal (1973)	
f 8	Kelâa am Oberlauf des Todra (1977)	
f 9	Gebirgslandschaft im Todratal (1973)	zu Kapitel 1 Abs. 1
f 10	Im Hohen Atlas (1977)	
f 11	Im Hohen Atlas (1977)	
f 12	Wüstensteppe südöstlich des Hohen Atlas (1973)	
f 13	Am Oberlauf des Dadès (1973)	
f 14	Im Hohen Atlas (1973)	
f 15	Ait el Arbi im Schnee (B. Barbey 1974)	
f 16	Landschaft zwischen Ksar es Souk und Goulmima (1969)	
f 17	Am Oberlauf des Dadès (1973)	
f 18	Am Oberlauf des Dadès (1973)	
f 19	Stausee oberhalb Ksar es Souk (1973)	
f 20	Quelloase von Meski (1969)	
f 21	Oase bei Ait Benhaddou (1973)	
f 22	In der Oase von Tinerhir (1977)	
f 23	Felder in der Oase von Tinerhir (1977)	
f 24	Oase südlich der Todraschlucht (1977)	
f 25	Arbeit mit dem Holzpflug (1975)	zu Kapitel 2
f 26	Ackerflächen in der Oase von Tinerhir (1969)	
f 27	Öffnen eines Bewässerungskanals mit der kurzstiligen Hacke (1977)	
f 28	Dreschplätze neben einem Ksar (1973)	
f 29	Markt in Zaouiet Sidi Daoud (1977)	
f 30	Markt in Zagora (1973)	
f 31	Zelt eines Transhumanten im Hohen Atlas (1973)	
f 32	Kleine Schafherde im Hohen Atlas (1973)	
f 33	Transport eines Fahrrads (1973)	
f 34	Zwischen Markt und Wohnort (1973)	
f 35	Transport eines verletzten Schafes (1977)	
f 36	Wassertransport (1973)	
f 37	Zwischen Sommer- und Winterweide (1973)	
f 38- f 47	Menschen im Süden Marokkos (1966, 1969, 1973 und 1977)	zu Kapitel 1 Abs. 2
f 48- f 57	Menschen im Ait el Arbi (1977	
f 58	Ksar von Nesrat (Papini 1967)	zu Kapitel 4 Abs. 1
f 59	Ksar von Makhzen (Papini 1967)	
f 60	Ksar von Rissergate (Papini 1967)	
f 61	Ksar von Bounana (Papini 1967)	
f 62	Ksar von Akhelloul (Papini 1967)	
f 63	Ksar von Tafroust (Papini 1967)	
f 64	Ksar von Tiguint (Papini 1967)	

	f 65	Ksar von Ait el Haj Lahssène Zaouia Derh Sittende Ksar von Amerdoul (Papini 1967)
	f 66	Wehrmauer und Türme beim Ksar von Ait Aissa ou Brahim (1973)
	f 67	Tor von Ait Aissa ou Brahim (1977)
	f 68	Eingangsgebäude mit gemauerten Bänken in einem Ksar nahe Zagora (1977)
	f 69	Eingangshof in einem Ksar nahe Erfoud (1973)
zu Kapitel 4 Abs. 2	f 70	Tighremt n Ait Hamid, im Hintergrund die Tigermatin n Ait Amr und Ait Khoali in Ait el Arbi (1977)
	f 71	Tighremt n Ait Hamid von Nordosten (1973)
	f 72	Tighremt n Ait Khoali (1977)
	f 73	Freistehender Tighremt am Oberlauf des Dadès (1973)
	f 74	Tighremt in M'Semrir mit Vorhöfen und Anbauten (1973)
	f 75	Tighremt n Ait Hammou ou Manesour in Skoura (1977)
	f 76	Tighremt n Ait Mouro in Skoura (1969)
	f 77	Hof im Tighremt Hamed n Ait Sous, Skoura (1977)
	f 78	Zentralraum mit Hof im Tighremt n Ait Ougrour in Tiflit (1977)
	f 79	Dachhof im Tighremt Hamed n Ait Sous (1977)
	f 80	Dachhof im Tighremt n Ait Hammou ou Manesour(1977)
	f 81	Blick in den Innenhof des Tighremt n Ait Hammou ou Manesour (1977)
	f 82	Dachhof im Tighremt n Ait Mouro (1977)
	f 83	Dachhof im Tighremt von Tadoula (Kasba 64 Study Group, 1973)
zu Kapitel 5	f 84	Baustelle im Dadèstal (1977)
	f 85	Basis aus Naturstein mit Lehmmörtel vermauert (1977)
	f 86	Bambus zur Ausfachung von Decken (1977)
	f 87	Bauholz (1977)
	f 88	Aufbereiten der Stampferde mit der kurzstiligen Hacke (1977)
	f 89	Sieben der Erde (1977)
	f 90	Schalung (1977)
	f 91	Stampfen der Erde (1969)
	f 92	Luftgetrocknete Ziegel (1977)
	f 93	Beim Mauern mit luftgetrockneten Ziegeln (1973)
	f 94	Schutz der Wand durch Brettauflage (1977)
	f 95	Brettauflage als Schutz gegen Erosion (1977)
	f 96	Reisig als Erosionsschutz (1977)
	f 97	Bambus als Erosionsschutz (1973)
	f 98	Bambus als Erosionsschutz (1977)
	f 99	Festhalten des Bretterschutzes durch Auflage von Lehmziegeln (1977)
	f 100	Wulst bei der Rauchabzugsöffnung auf der Dachterrasse des Tighremt n Ait Khoali (1977)
	f 101	Dachentwässerung in offenen Außenrinnen (1977)
	f 102	Dachentwässerung mit Wasserspeier (1977)
	f 103	Konstruktion des Ornaments mit luftgetrockneten Lehmziegeln (1973) (Außenrinnen)
	f 104	Konstruktion des Ornaments mit luftgetrockneten Lehmziegeln (1973) (Außenrinnen)
	f 105	Haupt- und Nebenbalken einer Deckenkonstruktion von oben (1973)
	f 106	Haupt- und Nebenbalken mit Reisigausfachung (1973)
	f 107	Treppenuntersicht im Tighremt n Ait Ougrour, Tiflit (1977)
	f 108	Tür zum Tighremt n Ait Hamid, Ait el Arbi (1977)
	f 109	Fensterumrahmung aus Holz (1977)
	f 110	Fenstergitter aus Schmiedeeisen (1977)
	f 111	Fenstersturz im Ziegelmauerwerk bei kleinen Spannweiten (1977)

f 112 Fenstersturz in Stampferde bei kleinen Spannweiten (1977)
f 113 Holzkohleofen aus Ton (1973)
f 114 Gestrickte Hemdhosen der Ait Bou Oulli (R. Euloge 1931)
f 115 Gebäude aus Stampferdequadern am Fuße des Djebel Anghomour (3620 m) (R. Euloge 1931)
f 116 Neues Natursteinmauerwerk in M'Semrir (1973)
f 117 Natursteinmauerwerk in Tamtatouchte (1973)
f 118 Kombination von Natursteinmauerwerk und Mauerwerk aus luftgetrockneten Ziegeln in M'Semrir (1973)
f 119 Kombination von Natursteinmauerwerk und Mauerwerk aus luftgetrockneten Ziegeln in M'Semrir (1973)
f 120 Sommerhütte aus gebundenen Palmästen (1973)
f 121 Dachaufbau mit Bambus ausgefacht (1973)
f 122 Staubentwicklung in einer Ksargasse (1973)
f 123 Verfall der Treppe im Tighremt n Ait Hamid (1977)
f 124 Abgegriffene Fensterleibungen in einem Ksarhaus in Ait Aissa ou Brahim (1973)
f 125 Verfall eines Dorfes (1973)
f 126 Gebautes wird wieder zu Erde (1973)

f 127 Harte Grenzwirkung der Mauer bei einem Ksar im Ziz-Tal (1969)   zu Kapitel 6 Abs. 2
f 128 Harte Grenze beim Ksar von Ait Aissa ou Brahim (1977)
f 129 Aufgelöste Grenze beim Tighremt von Amridil (1977)
f 130 Agglomeration mehrerer Tigermatin in Ait Benhaddou (Papini 1967)

f 131 Dominanz der Türme beim Ksar von Ait Aissa ou Brahim (1977)   zu Kapitel 6 Abs. 3
f 132 Dominanz der Türme bei einem Ksar im Dratal (1973)
f 133 Dominanz des Tighremt n Ait Hamid über Landschaft und Dorf von Ait el Arbi (1973)
f 134 Dominanz eines Tighremt über Boumalne du Dadès (1973)

f 135 Ornament auf den Türmen und Zwischenfassaden zweier Tigermatin in Ait Benhaddou (1973)   zu Kapitel 6 Abs. 5
f 136 Ornament beim Tighremt n Ait Khoali in Ait el Arbi 1977)
f 137- Ornamente bei Türmen und Zwischenfassaden von Tiger-
f 144 matin in Ait el Arbi, Skoura und Tiflit (1973, 1975)
f 145- Entwicklung des Ornaments zur Dekadenz an Beispielen
f 152 in Ait aissa ou Brahim, Ait el Arbi, Skoura und Zagora (1973, 1977)
f 153 Tonschale mit geometrischem Ornament (A. Boukobza, 1974)
f 154 Kreisornamente an den Innenwänden eines Tighremt in Ait Benhaddou (Y. Futagawa, 1975)
f 155 Oranamentale Haartracht eines kleinen Buben in Erfoud (1969)
f 156 Marokkanischer Webteppich (1978)
f 157 Decke im Tamesrit des Tighremt n Ait Khoali in Ait el Arbi (1977)
f 158 Decke im Tamesrit des Tighremt n Ait Ougrour in Tiflit (1977)
f 159 Decke in einem Tighremt in M'Semrir (1973)
f 160 Decke in einem neuen Haus in Ait el Arbi, gegenständliche Darstellungen an einer Wand (1977)
f 161 Decke in einem neuen Haus zwischen Ait el Arbi und Boumalne (1977)
f 162 Decke in einem neuen Haus in Ait el Arbi (1977)
f 163 Geometrisch ornamentale Ausformung einer Tür (Papini 1967)
f 164 Türbalken des Tighremt n Ait Amr in Ait el Arbi (1977)
f 165 Schlüssel zum Tighremt n Ait Hamid in Ait el Arbi (1977)

	f 166	Tor zu einem Ksar im Ziz-Tal (1973)
	f 167	Tür zur Kasba von Telouet (1969)
zu Kapitel 6 Abs. 7	f 168	Hell-Dunkel-Kontrast in einer Ksargasse (1973)
	f 169	Überblendete Konturen im Gegenlicht in einer Ksargasse (1969)
	f 170	Licht und Oberfläche (1977)
	f 171	Veränderung des Helligkeitswertes von Material durch glatte oder rauhe Oberfläche beim Tighremt n Ait Hamid in Ait el Arbi (1969)
zu Kapitel 7	f 172	Ksar von Amzrou nahe Zagora (Papini 1967)
	f 173	Ausufern des Ksar von Amzrou (1977)
	f 174	Öffnen der Ksarmauer durch Türen, Tore und Fenster in Amzrou (1973)
	f 175	Große Fenster in der Wehrmauer eines Ksar im Ziz-Tal (1973)
	f 176	Neue Bauten durch befestigte Straße vom Ksar von Amzrou getrennt (1977)
	f 177	Mit der Ksarmauer verbundene Bauten außerhalb von Amzrou (1977)
	f 178	Halbverfallenes Ksar im Ziz-Tal (1969)
	f 179	Auflösen der markanten Grenzen bei einem Ksar im Dratal (1969)
	f 180	Verfallendes Ksar im Dratal (1973)
	f 181	Ruinen eines Ksar aus Naturstein und Stampferde im Dratal (1973)
	f 182	Verfallende Vorbauten im Tighremt n Ait Mouro in Skoura (1973)
	f 183	Stark verwitterter Turm beim Tighremt n Ait Khoali in Ait el Arbi (1977)
	f 184	Fehlende Pflege bei den Dachausbauten des Tighremt n Ait Amr in Ait el Arbi (1977)
	f 185	Allmähliches Auflösen der Bausubstanz beim Tighremt n Ait Hamid in Ait el Arbi (1977)
	f 186	Auflösungsprozeß beim Tighremt n Ait Hamid in Ait el Arbi (1975)
	f 187	Reparaturen an einem alten Gebäude in Ait el Arbi (1977)
	f 188	Dach- und Mauerreste eines Aufbaues auf der Dachterrasse des Tighremt n Ait Amr in Ait el Arbi (1977)
	f 189	Kleine Fenster beim Tighremt n Ait Khoali - große Fenster bei einem neuen Anbau (1977)
	f 190	Tighremt n Ait Mouro (1969)
	f 191	Tighremt n Ait Mouro mit neu entstandenen ebenerdigen Gebäuden (1977)
	f 192	Slum nahe Azrou (1969)
	f 193	Slum am Rande von Rabat (1977)
	f 194	Slum an der Stadtmauer von Salé (1977)
	f 195	Gasse in einem Slum am Rande von Souk el Arba (1977)
	f 196	Slum am Rande von Souk el Arba (1977)
	f 197	Im Slum von Souk el Arba (1977)
	f 198	Slum und Häuser von Wohlhabenden in unmittelbarer Nachbarschaft am Rande von Salé (1977)
	f 199	Ait el Arbi von oben (Division de la Carte, 1964)
	f 200	Ait el Arbi (1977)
zu Kapitel E	f 201	Neue Bauten am Rande von Ait el Arbi (1977)
	f 202	Ebenerdige Hofhäuser in Ait el Arbi (1977)
	f 203	Ebenerdige Hofhäuser in Ait el Arbi (1977)
	f 204	Ebenerdige Hofhäuser in Ait el Arbi (1977)
	f 205	Neue Siedlung am Rande von Ait Benhaddou (1973)
	f 206	Neue Siedlung nahe Ksar es Souk (Papini 1967)
	f 207	Tonnenüberwölbte Betonhäuser nahe Ouarzazate (Papini 1967)
	f 208	Einraumschule aus Holzpaneelen im Todratal (1977)
	f 209	Neue Betonbauten in Ouarzazate (1977)

f 210 Aufwendige Lastabtragung aufgrund vorgefaßter architektonischer Vorstellungen bei den neuen Bauten in Ouarzazate (1977)
f 211 Hotel der Diafa-Kette in Tinerhir (1973)
f 212 Hotel der Diafa-Kette über Boumalne du Dadès (1973)